Ivan Koesjnir

Economie van Noord-Macedonië

Serie "Economie in landen"

eerst gepubliceerd: 2021
laatst bijgewerkt: 2021-02-02

Ivan Koesjnir. Economie van Noord-Macedonië. Serie "Economie in landen". - 2021. - 56 pages.

Dit boek over de economie van Noord-Macedonië van de jaren 1990 tot de jaren 2010. Brongegevens uit UN Data.

Grootte. In de jaren 2010 was het bruto binnenlands product van Noord-Macedonië gelijk aan US$10,9 miljard per jaar; de waarde van de landbouw was US$1,0 miljard; de waarde van de industrie was US$1,8 miljard. Aangezien het aandeel in de wereld tussen 0,01% en 0,1% ligt, wordt het land geclassificeerd als een kleine economie.

Productiviteit. In de jaren 2010 bedroeg het bruto binnenlands product per hoofd van de bevolking $5.254,7, de waarde van de landbouw per hoofd $486,1, de waarde van de industrie per hoofd $881,6. Omdat de productiviteit tussen het gemiddelde van onder het gemiddelde en het gemiddelde ligt, wordt de economie geclassificeerd als in ontwikkeling.

Groei. In de jaren 2010 bedroeg de groei van het bruto binnenlands product 2,6%; de groei van de landbouw was -2,0%; de groei van de industrie was 3,5%.

Structuur. In de jaren 2010 omvatte de economie van Noord-Macedonië: diensten (37,9%), industrie (19,3%), handel (16,9%), landbouw (10,7%), transport (8,1%) en constructie (7,1%).

Uitvoer en invoer. In de jaren 2010 was de invoer 32,3% hoger dan de uitvoer, de netto-invoer was gelijk aan 16,3% van het BBP.

Consumptie en reproductie. De houding van reproductie ten opzichte van de consumptie is niet beter dan het mondiale gemiddelde, dus het aandeel van het BBP in de wereld zal niet toenemen.

Serie "Economie in landen": parallel.page.link/nl

ISBN: 9798701890839

Inhoud

Part I. Grootte

Hoofdstuk I. Bruto binnenlands product

Het bruto binnenlands product van Noord-Macedonië steeg van US$3,6 miljard per jaar in de jaren 1990 tot US$10,9 miljard per jaar in de jaren 2010, dat wil zeggen met US$7,3 miljard of 3,0 keer. De verandering vond plaats op US$5,1 miljard als gevolg van een 1,9-voudige stijging van de prijzen, en ook op US$2,1 miljard als gevolg van een 1,6-voudige toename van de productiviteit , evenals op US$148,9 miljoen als gevolg van de toename van de bevolking. De gemiddelde jaarlijkse groei van het bruto binnenlands product is 1,7%. De minimumwaarde van het BBP bedroeg US$2,7 miljard in 1992. De maximumwaarde van het BBP bedroeg US$12,7 miljard in 2019.

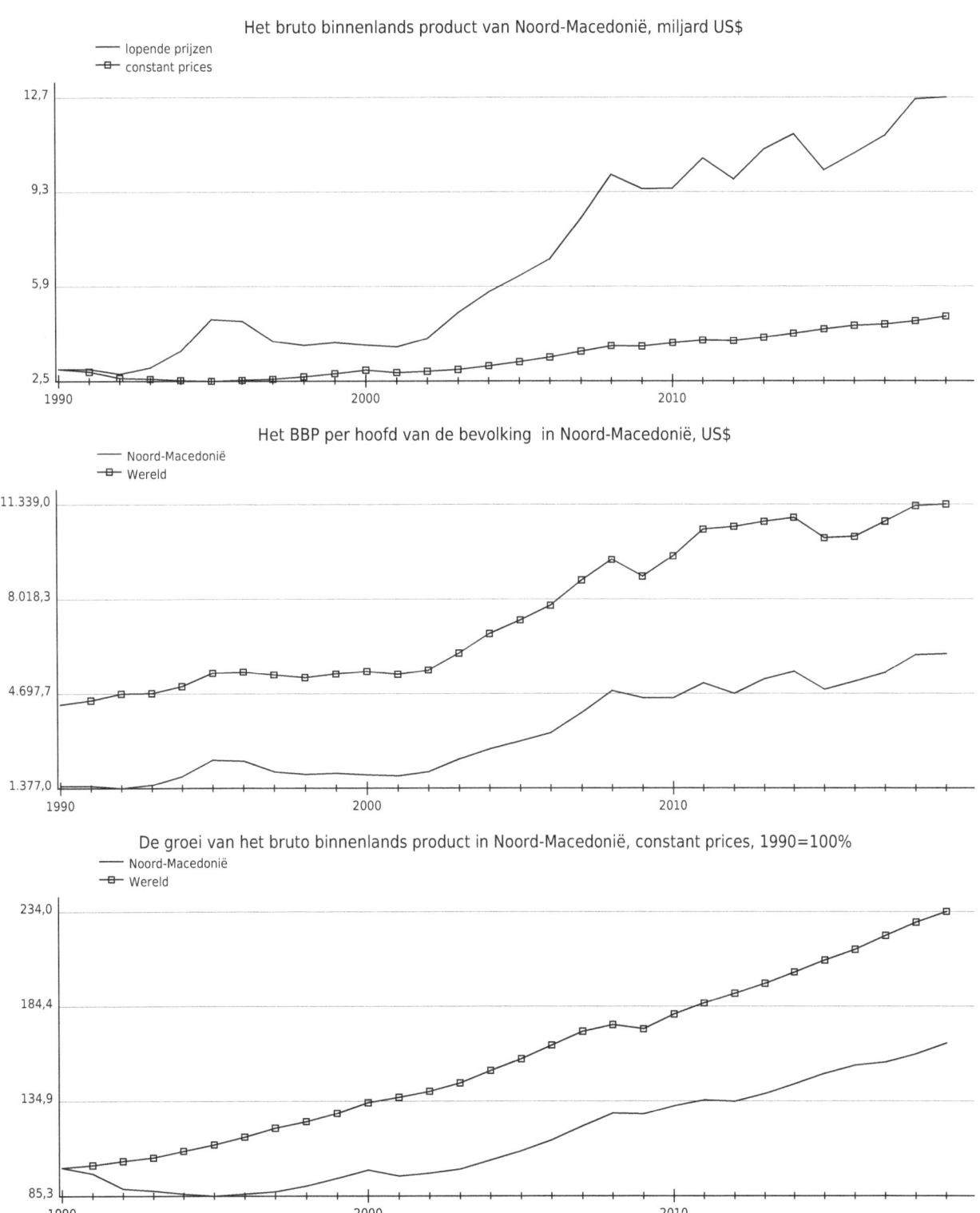

de jaren 1990

Het bruto binnenlands product van Noord-Macedonië bedroeg in de jaren 1990 US$3,6 miljard per jaar, stond op de 128e plaats in de wereld, en was vergelijkbaar met Zambia (US$3,6 miljard), Namibië (US$3,6 miljard). Het aandeel in de wereld was 0,013%, en 0,037% in Europa.

Het BBP van Noord-Macedonië bestond uit: huishoudelijke uitgaven (72,2%), kapitaalvorming (18,5%) en overheidsuitgaven (17,9%).

Het BBP per hoofd in Noord-Macedonië was $1.803,2 in de jaren 1990s, stond op de 112e plaats in de wereld, en was vergelijkbaar met Swaziland (US$1.780,1), Melanesië (US$1.835,6). Het BBP per hoofd in Noord-Macedonië was in 2,8 keer lager dan het bruto binnenlands product per hoofd van de bevolking in de wereld ($5.020,1), en was in 7,5 keer lager dan het bruto binnenlands product per hoofd van de bevolking in Europa ($5.020,1).

De groei van het bruto binnenlands product in Noord-Macedonië bedroeg -0.6% in de jaren 1990, stond op de 178e plaats in de wereld. De groei van het BBP in Noord-Macedonië (-0,63%) was minder dan de groei van het BBP in de wereld (2,8%), was minder dan de groei van het bruto binnenlands product in Europa (1,4%).

Vergelijking met buren. Het BBP van Noord-Macedonië was groter dan in Albanië (US$2,2 miljard); maar minder dan in Griekenland (US$126,4 miljard), in Servië (US$24,5 miljard) en in Bulgarije (US$13,2 miljard). Het bruto binnenlands product per hoofd in Noord-Macedonië was groter dan in Bulgarije (US$1.569,2) en in Albanië (US$707,7); maar minder dan in Griekenland (US$11,9 duizend) en in Servië (US$2,6 duizend). De groei van het bruto binnenlands product in Noord-Macedonië was groter dan in Bulgarije (-3,5%) en in Servië (-7,2%); maar minder dan in Griekenland (2,0%) en in Albanië (-0,34%).

Vergelijking met leiders. Het bruto binnenlands product van Noord-Macedonië was minder dan in de Verenigde Staten (US$7,6 biljoen), in Japan (US$4,3 biljoen), in Duitsland (US$2,2 biljoen), in Frankrijk (US$1,4 biljoen) en in het Verenigd Koninkrijk (US$1,3 biljoen). Het BBP per hoofd in Noord-Macedonië was minder dan in Japan (US$34,3 duizend), in de Verenigde Staten (US$28,7 duizend), in Duitsland (US$27,0 duizend), in Frankrijk (US$24,1 duizend) en in het Verenigd Koninkrijk (US$22,9 duizend). De groei van het BBP in Noord-Macedonië was minder dan in de Verenigde Staten (3,2%), in het Verenigd Koninkrijk (2,3%), in Duitsland (2,2%), in Frankrijk (2,0%) en in Japan (1,5%).

de jaren 2000

Het BBP van Noord-Macedonië bedroeg in de jaren 2000 US$6,3 miljard per jaar, stond op de 132e plaats in de wereld, en was vergelijkbaar met Namibië (US$6,3 miljard), Malta (US$6,3 miljard), Polynesië (US$6,3 miljard). Het aandeel in de wereld was 0,013%, en 0,041% in Europa.

Het BBP van Noord-Macedonië bestond uit: huishoudelijke uitgaven (78,0%), kapitaalvorming (22,7%) en overheidsuitgaven (18,2%).

Het BBP per hoofd in Noord-Macedonië was $3.059,1 in de jaren 2000s, stond op de 111e plaats in de wereld, en was vergelijkbaar met Bosnië en Herzegovina (US$3,0 duizend), Thailand (US$3,0 duizend). Het BBP per hoofd in Noord-Macedonië was in 2,3 keer lager dan het bruto binnenlands product per hoofd van de bevolking in de wereld ($7.176,3), en was in 6,9 keer lager dan het bruto binnenlands product per hoofd van de bevolking in Europa ($7.176,3).

De groei van het bruto binnenlands product in Noord-Macedonië bedroeg 3.1% in de jaren 2000, stond op de 131e plaats in de wereld, en was vergelijkbaar met de Cookeilanden (3,1%), Mauritanië (3,1%), Saint Kitts en Nevis (3,1%). De groei van het BBP in Noord-Macedonië (3,1%) was groter dan de groei van het BBP in de wereld (3,0%), was groter dan de groei van het BBP in Europa (1,8%).

Vergelijking met buren. Het BBP van Noord-Macedonië was minder dan in Griekenland (US$238,8 miljard), in Bulgarije (US$30,6 miljard), in Servië (US$28,9 miljard) en in Albanië (US$7,7 miljard). Het BBP per hoofd in Noord-Macedonië was groter dan in Albanië (US$2,5 duizend); maar minder dan in Griekenland (US$21,4 duizend), in Bulgarije (US$4,0 duizend) en in Servië (US$3,9 duizend). De groei van het bruto binnenlands product in Noord-Macedonië was groter dan in Griekenland (2,7%); maar minder dan in Albanië (5,9%), in Servië (5,2%) en in Bulgarije (4,9%).

Vergelijking met leiders. Het bruto binnenlands product van Noord-Macedonië was minder dan in de Verenigde Staten (US$12,6 biljoen), in Japan (US$4,7 biljoen), in Duitsland (US$2,8 biljoen), in China (US$2,6 biljoen) en in het Verenigd Koninkrijk (US$2,3 biljoen). Het bruto binnenlands product per hoofd in Noord-Macedonië was groter dan in China (US$1.954,1); maar minder dan in de Verenigde Staten (US$42,8 duizend), in het Verenigd Koninkrijk (US$38,4 duizend), in Japan (US$36,4 duizend) en in Duitsland

(US$34,0 duizend). De groei van het BBP in Noord-Macedonië was groter dan in de Verenigde Staten (1,9%), in het Verenigd Koninkrijk (1,7%), in Duitsland (0,73%) en in Japan (0,50%); maar minder dan in China (10,3%).

de jaren 2010

Het BBP van Noord-Macedonië bedroeg in de jaren 2010 US$10,9 miljard per jaar, stond op de 142e plaats in de wereld. Het aandeel in de wereld was 0,014%, en 0,052% in Europa.

Het bruto binnenlands product van Noord-Macedonië bestond uit: huishoudelijke uitgaven (69,5%), kapitaalvorming (30,3%) en overheidsuitgaven (16,6%).

Het bruto binnenlands product per hoofd in Noord-Macedonië was $5.254,7 in de jaren 2010s, stond op de 118e plaats in de wereld, en was vergelijkbaar met Fiji (US$5,3 duizend), Namibië (US$5,3 duizend), Bosnië en Herzegovina (US$5,2 duizend). Het bruto binnenlands product per hoofd in Noord-Macedonië was in 2,0 keer lager dan het bruto binnenlands product per hoofd van de bevolking in de wereld (US$10.603,1), en was in 5,4 keer lager dan het bruto binnenlands product per hoofd van de bevolking in Europa (US$10.603,1).

De groei van het bruto binnenlands product in Noord-Macedonië bedroeg 2.6% in de jaren 2010, stond op de 125e plaats in de wereld, en was vergelijkbaar met Albanië (2,6%). De groei van het BBP in Noord-Macedonië (2,6%) was minder dan de groei van het bruto binnenlands product in de wereld (3,1%), was groter dan de groei van het bruto binnenlands product in Europa (1,6%).

Vergelijking met buren. Het BBP van Noord-Macedonië was 21,1 keer minder dan in Griekenland (US$230,1 miljard), 5,2 keer minder dan in Bulgarije (US$57,2 miljard), 4,2 keer minder dan in Servië (US$45,6 miljard) en 15,9% minder dan in Albanië (US$13,0 miljard). Het bruto binnenlands product per hoofd in Noord-Macedonië was 17,4% groter dan in Albanië (US$4,5 duizend); maar 4,1 keer minder dan in Griekenland (US$21,5 duizend), 33,7% minder dan in Bulgarije (US$7,9 duizend) en 18,0% minder dan in Servië (US$6,4 duizend). De groei van het bruto binnenlands product in Noord-Macedonië was groter dan in Bulgarije (2,3%), in Servië (1,9%) en in Griekenland (-2,2%); maar minder dan in Albanië (2,6%).

Vergelijking met leiders. Het BBP van Noord-Macedonië was 1.644,9 keer minder dan in de Verenigde Staten (US$18,0 biljoen), 962,1 keer minder dan in China (US$10,5 biljoen), 478,8 keer minder dan in Japan (US$5,2 biljoen), 335,3 keer minder dan in Duitsland (US$3,7 biljoen) en 253,4 keer minder dan in het Verenigd Koninkrijk (US$2,8 biljoen). Het BBP per hoofd in Noord-Macedonië was 10,7 keer minder dan in de Verenigde Staten (US$56,2 duizend), 8,5 keer minder dan in Duitsland (US$44,7 duizend), 8,0 keer minder dan in het Verenigd Koninkrijk (US$42,2 duizend), 7,8 keer minder dan in Japan (US$40,9 duizend) en 29,9% minder dan in China (US$7,5 duizend). De groei van het bruto binnenlands product in Noord-Macedonië was groter dan in de Verenigde Staten (2,3%), in Duitsland (1,9%), in het Verenigd Koninkrijk (1,8%) en in Japan (1,3%); maar minder dan in China (7,7%).

Hoofdstuk II. Toegevoegde waarde

De toegevoegde waarde van Noord-Macedonië steeg van US$3,2 miljard per jaar in de jaren 1990 tot US$9,5 miljard per jaar in de jaren 2010, dat wil zeggen met US$6,2 miljard of 2,9 keer. De verandering vond plaats op US$4,2 miljard als gevolg van een 1,8-voudige stijging van de prijzen, en ook op US$1,9 miljard als gevolg van een 1,6-voudige toename van de productiviteit , evenals op US$133,8 miljoen als gevolg van de toename van de bevolking. De gemiddelde jaarlijkse groei van de toegevoegde waarde is 2,3%. De minimumwaarde van de toegevoegde waarde bedroeg US$2,1 miljard in 1992. De maximumwaarde van de toegevoegde waarde bedroeg US$11,1 miljard in 2019.

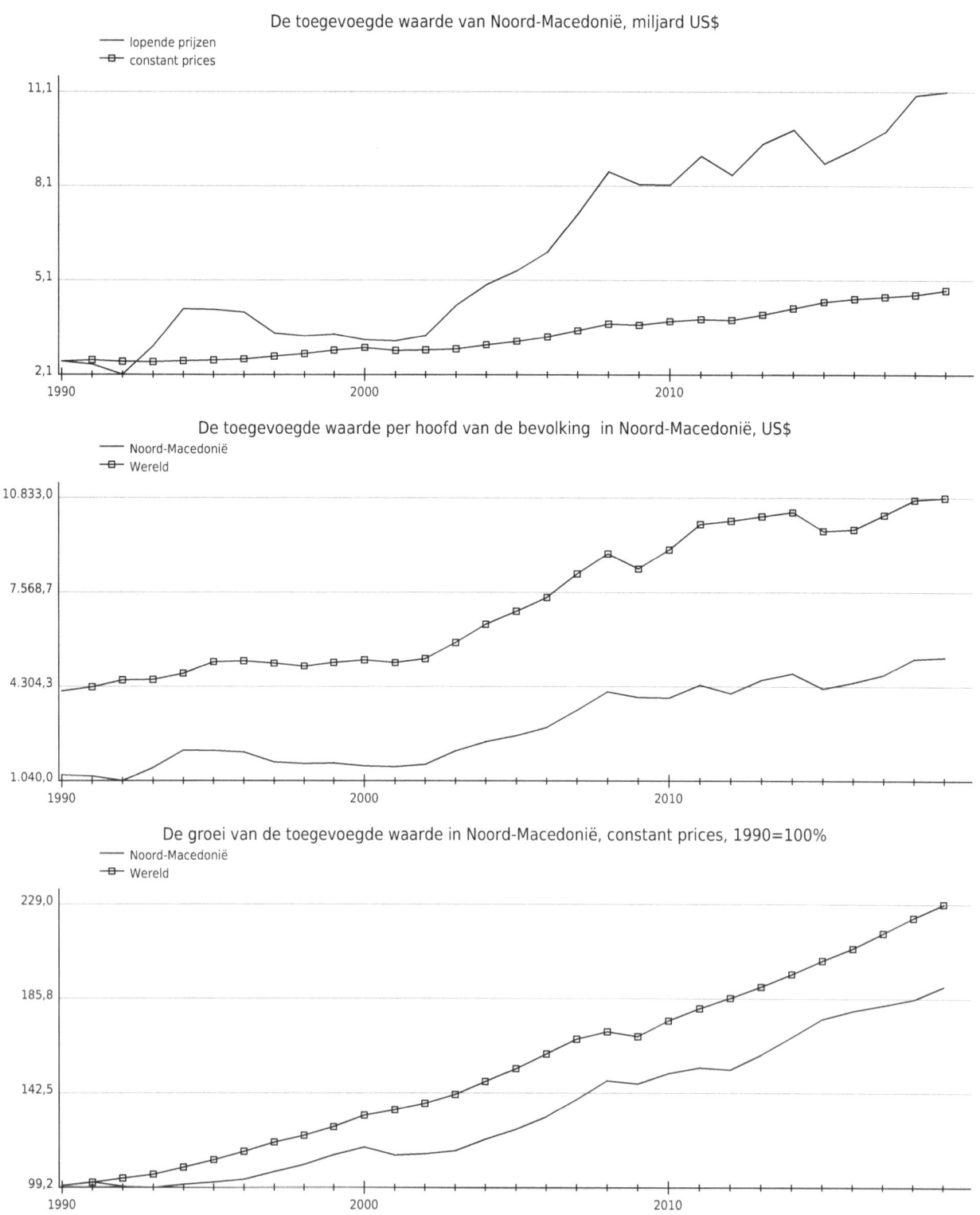

De toegevoegde waarde van Noord-Macedonië, miljard US$

De toegevoegde waarde per hoofd van de bevolking in Noord-Macedonië, US$

De groei van de toegevoegde waarde in Noord-Macedonië, constant prices, 1990=100%

de jaren 1990

De toegevoegde waarde van Noord-Macedonië bedroeg in de jaren 1990 US$3,2 miljard per jaar, stond op de 128e plaats in de wereld, en was vergelijkbaar met Mauritius (US$3,2 miljard), Namibië (US$3,3 miljard). Het aandeel in de wereld was 0,012%, en 0,036% in Europa.

De totale toegevoegde waarde van Noord-Macedonië bestond uit: diensten (46,6%), industrie (19,1%), landbouw (12,0%), handel (9,9%), transport (6,6%) en constructie (5,8%).

De toegevoegde waarde per hoofd in Noord-Macedonië was $1.619,4 in de jaren 1990s, stond op de 114e plaats in de wereld, en was vergelijkbaar met Algerije (US$1.635,1). De toegevoegde waarde per hoofd in Noord-Macedonië was in 3,0 keer lager dan de toegevoegde waarde per hoofd van de bevolking in de wereld ($4.799,9), en was in 7,6 keer lager dan de toegevoegde waarde per hoofd van de bevolking in Europa ($4.799,9).

De groei van de toegevoegde waarde in Noord-Macedonië bedroeg 1.5% in de jaren 1990, stond op de 153e plaats in de wereld, en was vergelijkbaar met Samoa (1,5%). De groei van de toegevoegde waarde in Noord-Macedonië (1,5%) was minder dan de groei van de toegevoegde waarde in de wereld (2,7%), was groter dan de groei van de toegevoegde waarde in Europa (1,3%).

Vergelijking met buren. De toegevoegde waarde van Noord-Macedonië was groter dan in Albanië (US$2,2 miljard); maar minder dan in Griekenland (US$115,3 miljard), in Servië (US$22,8 miljard) en in Bulgarije (US$12,2 miljard). De toegevoegde waarde per hoofd in Noord-Macedonië was groter dan in Bulgarije (US$1.447,3) en in Albanië (US$690,1); maar minder dan in Griekenland (US$10,8 duizend) en in Servië (US$2,4 duizend). De groei van de toegevoegde waarde in Noord-Macedonië was groter dan in Albanië (-1,7%), in Bulgarije (-3,9%) en in Servië (-7,3%); maar minder dan in Griekenland (1,9%).

Vergelijking met leiders. De toegevoegde waarde van Noord-Macedonië was minder dan in de Verenigde Staten (US$7,6 biljoen), in Japan (US$4,3 biljoen), in Duitsland (US$2,0 biljoen), in Frankrijk (US$1,3 biljoen) en in het Verenigd Koninkrijk (US$1,2 biljoen). De toegevoegde waarde per hoofd in Noord-Macedonië was minder dan in Japan (US$34,2 duizend), in de Verenigde Staten (US$28,6 duizend), in Duitsland (US$24,5 duizend), in Frankrijk (US$21,6 duizend) en in het Verenigd Koninkrijk (US$21,4 duizend). De groei van de toegevoegde waarde in Noord-Macedonië was minder dan in de Verenigde Staten (2,8%), in het Verenigd Koninkrijk (2,4%), in Duitsland (2,1%), in Frankrijk (1,8%) en in Japan (1,8%).

de jaren 2000

De toegevoegde waarde van Noord-Macedonië bedroeg in de jaren 2000 US$5,4 miljard per jaar, stond op de 138e plaats in de wereld, en was vergelijkbaar met Malta (US$5,4 miljard), Burkina Faso (US$5,5 miljard). Het aandeel in de wereld was 0,012%, en 0,039% in Europa.

De totale toegevoegde waarde van Noord-Macedonië bestond uit: diensten (42,0%), industrie (16,9%), handel (14,1%), landbouw (12,0%), vervoer (8,2%) en bouw (6,9%).

De toegevoegde waarde per hoofd in Noord-Macedonië was $2.627,4 in de jaren 2000s, stond op de 116e plaats in de wereld, en was vergelijkbaar met Peru (US$2,6 duizend). De toegevoegde waarde per hoofd in Noord-Macedonië was in 2,6 keer lager dan de toegevoegde waarde per hoofd van de bevolking in de wereld ($6.818,0), en was in 7,2 keer lager dan de toegevoegde waarde per hoofd van de bevolking in Europa ($6.818,0).

De groei van de toegevoegde waarde in Noord-Macedonië bedroeg 2.5% in de jaren 2000, stond op de 145e plaats in de wereld, en was vergelijkbaar met Griekenland (2,5%), Nieuw-Zeeland (2,5%), Groenland (2,6%). De groei van de toegevoegde waarde in Noord-Macedonië (2,5%) was minder dan de groei van de toegevoegde waarde in de wereld (2,9%), was groter dan de groei van de toegevoegde waarde in Europa (1,7%).

Vergelijking met buren. De toegevoegde waarde van Noord-Macedonië was minder dan in Griekenland (US$212,8 miljard), in Bulgarije (US$26,3 miljard), in Servië (US$24,4 miljard) en in Albanië (US$6,7 miljard). De toegevoegde waarde per hoofd in Noord-Macedonië was groter dan in Albanië (US$2,2 duizend); maar minder dan in Griekenland (US$19,1 duizend), in Bulgarije (US$3,4 duizend) en in Servië (US$3,3 duizend). De groei van de toegevoegde waarde in Noord-Macedonië was groter dan in Griekenland (2,5%); maar minder dan in Servië (5,0%), in Albanië (4,7%) en in Bulgarije (4,7%).

Vergelijking met leiders. De toegevoegde waarde van Noord-Macedonië was minder dan in de Verenigde Staten (US$12,6 biljoen), in Japan (US$4,7 biljoen), in China (US$2,6 biljoen), in Duitsland (US$2,5 biljoen) en in het Verenigd Koninkrijk (US$2,1 biljoen). De toegevoegde waarde per hoofd in Noord-Macedonië was groter dan in China (US$1.954,1); maar minder dan in de Verenigde Staten (US$42,8 duizend), in Japan (US$36,4 duizend), in het Verenigd Koninkrijk (US$34,6 duizend) en in Duitsland (US$30,7 duizend). De groei van de toegevoegde waarde in Noord-Macedonië was groter dan in de Verenigde Staten (1,7%), in het Verenigd Koninkrijk (1,7%), in Duitsland (0,65%) en in Japan (0,27%); maar minder dan in China (10,2%).

de jaren 2010

De toegevoegde waarde van Noord-Macedonië bedroeg in de jaren 2010 US$9,5 miljard per jaar, stond op de 143e plaats in de wereld. Het aandeel in de wereld was 0,013%, en 0,050% in Europa.

De totale toegevoegde waarde van Noord-Macedonië bestond uit: diensten (37,9%), industrie (19,3%), handel (16,9%), landbouw (10,7%), transport (8,1%) en constructie (7,1%).

De toegevoegde waarde per hoofd in Noord-Macedonië was $4.559,1 in de jaren 2010s, stond op de 117e plaats in de wereld, en was vergelijkbaar met Algerije (US$4,5 duizend). De toegevoegde waarde per hoofd in Noord-Macedonië was in 2,2 keer lager dan de toegevoegde waarde per hoofd van de bevolking in de wereld ($10.094,6), en was in 5,5 keer lager dan de toegevoegde waarde per hoofd van de bevolking in Europa ($10.094,6).

De groei van de toegevoegde waarde in Noord-Macedonië bedroeg 2.7% in de jaren 2010, stond op de 120e plaats in de wereld, en was vergelijkbaar met Afrika (2,7%). De groei van de toegevoegde waarde in Noord-Macedonië (2,7%) was minder dan de groei van de toegevoegde waarde in de wereld (3,1%), was groter dan de groei van de toegevoegde waarde in Europa (1,6%).

Vergelijking met buren. De toegevoegde waarde van Noord-Macedonië was 21,3 keer minder dan in Griekenland (US$201,9 miljard), 5,2 keer minder dan in Bulgarije (US$49,6 miljard), 4,0 keer minder dan in Servië (US$38,2 miljard) en 16,4% minder dan in Albanië (US$11,3 miljard). De toegevoegde waarde per hoofd in Noord-Macedonië was 16,8% groter dan in Albanië (US$3,9 duizend); maar 4,1 keer minder dan in Griekenland (US$18,9 duizend), 33,6% minder dan in Bulgarije (US$6,9 duizend) en 14,9% minder dan in Servië (US$5,4 duizend). De groei van de toegevoegde waarde in Noord-Macedonië was groter dan in Albanië (2,6%), in Servië (2,0%), in Bulgarije (1,6%) en in Griekenland (-2,2%).

Vergelijking met leiders. De toegevoegde waarde van Noord-Macedonië was 1.895,9 keer minder dan in de Verenigde Staten (US$18,0 biljoen), 1.108,9 keer minder dan in China (US$10,5 biljoen), 549,0 keer minder dan in Japan (US$5,2 biljoen), 348,6 keer minder dan in Duitsland (US$3,3 biljoen) en 260,7 keer minder dan in het Verenigd Koninkrijk (US$2,5 biljoen). De toegevoegde waarde per hoofd in Noord-Macedonië was 12,3 keer minder dan in de Verenigde Staten (US$56,2 duizend), 8,9 keer minder dan in Japan (US$40,7 duizend), 8,8 keer minder dan in Duitsland (US$40,3 duizend), 8,3 keer minder dan in het Verenigd Koninkrijk (US$37,7 duizend) en 39,1% minder dan in China (US$7,5 duizend). De groei van de toegevoegde waarde in Noord-Macedonië was groter dan in de Verenigde Staten (2,2%), in Duitsland (1,9%), in het Verenigd Koninkrijk (1,8%) en in Japan (1,3%); maar minder dan in China (7,7%).

Hoofdstuk III. Bruto nationaal inkomen

Het bruto nationaal inkomen van Noord-Macedonië steeg van US$3,5 miljard per jaar in de jaren 1990 tot US$10,6 miljard per jaar in de jaren 2010, dat wil zeggen met US$7,1 miljard of 3,0 keer. De verandering vond plaats op US$4,9 miljard als gevolg van een 1,9-voudige stijging van de prijzen, en ook op US$2,0 miljard als gevolg van een 1,5-voudige toename van de productiviteit , evenals op US$146,6 miljoen als gevolg van de toename van de bevolking. De gemiddelde jaarlijkse groei van het bruto nationaal inkomen is 1,6%. De minimumwaarde van het BNI bedroeg US$2,7 miljard in 1992. De maximumwaarde van het bruto nationaal inkomen bedroeg US$12,2 miljard in 2019.

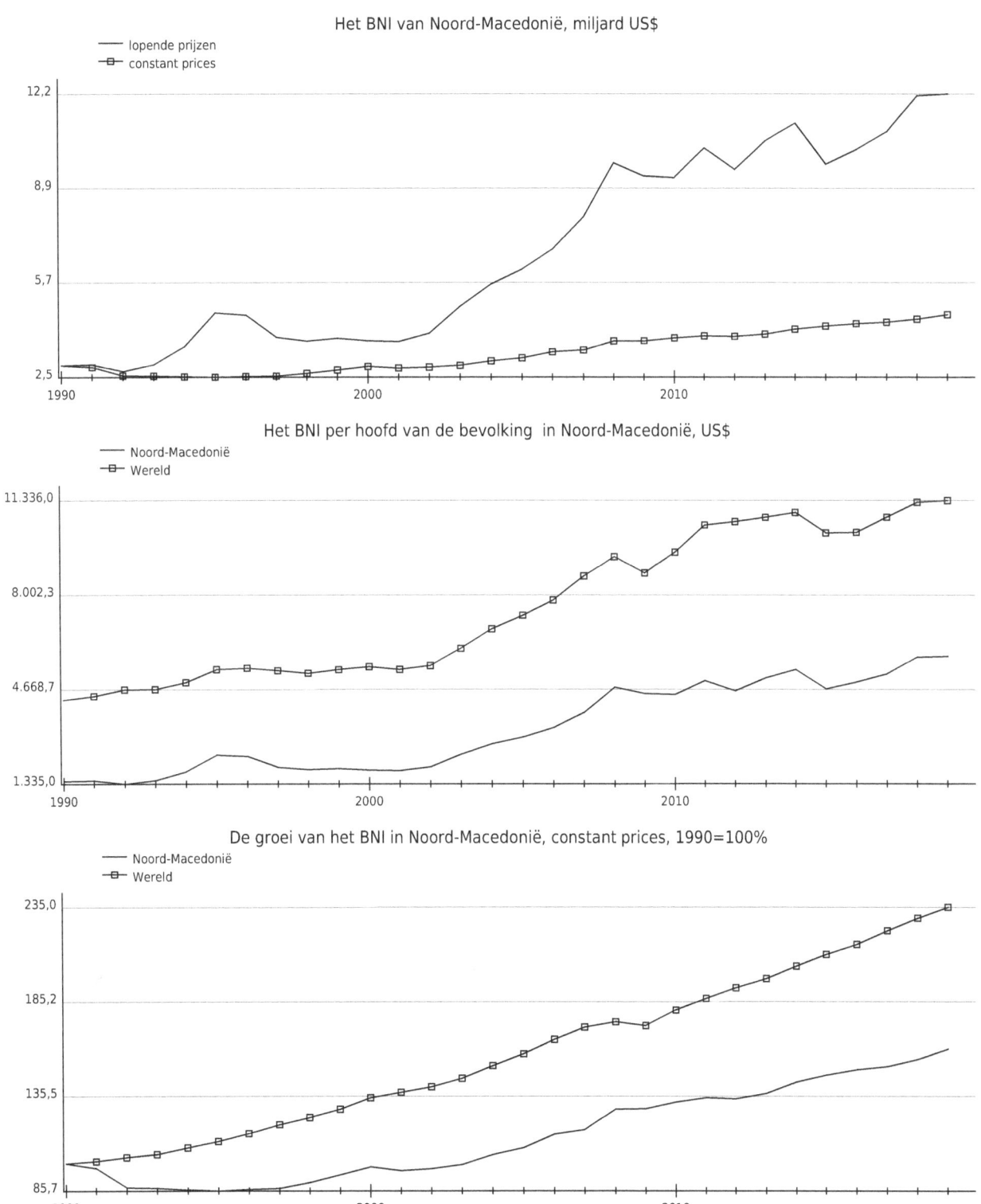

Het BNI van Noord-Macedonië, miljard US$

Het BNI per hoofd van de bevolking in Noord-Macedonië, US$

De groei van het BNI in Noord-Macedonië, constant prices, 1990=100%

de jaren 1990

Het BNI van Noord-Macedonië bedroeg in de jaren 1990 US$3,5 miljard per jaar, stond op de 130e plaats in de wereld. Het aandeel in de wereld was 0,012%, en 0,036% in Europa.

Het bruto nationaal inkomen per hoofd in Noord-Macedonië was $1.774,7 in de jaren 1990s, stond op de 113e plaats in de wereld, en was vergelijkbaar met Ecuador (US$1.777,7), Melanesië (US$1.785,6), Paraguay (US$1.755,9). Het BNI per hoofd in Noord-Macedonië was in 2,8 keer lager dan het bruto nationaal inkomen per hoofd van de bevolking in de wereld ($4.991,4), en was in 7,6 keer lager dan het bruto nationaal inkomen per hoofd van de bevolking in Europa ($4.991,4).

De groei van het bruto nationaal inkomen in Noord-Macedonië bedroeg -0.7% in de jaren 1990, stond op de 174e plaats in de wereld. De groei van het bruto nationaal inkomen in Noord-Macedonië (-0,68%) was minder dan de groei van het bruto nationaal inkomen in de wereld (2,8%), was minder dan de groei van het BNI in Europa (1,3%).

Vergelijking met buren. Het BNI van Noord-Macedonië was groter dan in Albanië (US$2,3 miljard); maar minder dan in Griekenland (US$128,4 miljard), in Servië (US$24,5 miljard) en in Bulgarije (US$12,1 miljard). Het BNI per hoofd in Noord-Macedonië was groter dan in Bulgarije (US$1.428,8) en in Albanië (US$714,3); maar minder dan in Griekenland (US$12,0 duizend) en in Servië (US$2,6 duizend). De groei van het bruto nationaal inkomen in Noord-Macedonië was groter dan in Bulgarije (-3,4%) en in Servië (-7,3%); maar minder dan in Griekenland (1,8%) en in Albanië (-0,11%).

Vergelijking met leiders. Het BNI van Noord-Macedonië was minder dan in de Verenigde Staten (US$7,5 biljoen), in Japan (US$4,4 biljoen), in Duitsland (US$2,2 biljoen), in Frankrijk (US$1,4 biljoen) en in het Verenigd Koninkrijk (US$1,3 biljoen). Het BNI per hoofd in Noord-Macedonië was minder dan in Japan (US$34,7 duizend), in de Verenigde Staten (US$28,5 duizend), in Duitsland (US$27,0 duizend), in Frankrijk (US$24,3 duizend) en in het Verenigd Koninkrijk (US$23,0 duizend). De groei van het bruto nationaal inkomen in Noord-Macedonië was minder dan in de Verenigde Staten (3,4%), in Frankrijk (2,2%), in het Verenigd Koninkrijk (2,0%), in Duitsland (2,0%) en in Japan (1,5%).

de jaren 2000

Het bruto nationaal inkomen van Noord-Macedonië bedroeg in de jaren 2000 US$6,2 miljard per jaar, stond op de 129e plaats in de wereld, en was vergelijkbaar met Nicaragua (US$6,2 miljard), Polynesië (US$6,2 miljard), Malta (US$6,1 miljard). Het aandeel in de wereld was 0,013%, en 0,040% in Europa.

Het bruto nationaal inkomen per hoofd in Noord-Macedonië was $3.012,8 in de jaren 2000s, stond op de 114e plaats in de wereld, en was vergelijkbaar met Tunesië (US$3,0 duizend). Het bruto nationaal inkomen per hoofd in Noord-Macedonië was in 2,4 keer lager dan het bruto nationaal inkomen per hoofd van de bevolking in de wereld ($7.165,2), en was in 7,0 keer lager dan het bruto nationaal inkomen per hoofd van de bevolking in Europa ($7.165,2).

De groei van het BNI in Noord-Macedonië bedroeg 3.2% in de jaren 2000, stond op de 124e plaats in de wereld, en was vergelijkbaar met Congo-Kinshasa (3,2%), Samoa (3,2%), Nieuw-Caledonië (3,2%). De groei van het BNI in Noord-Macedonië (3,2%) was groter dan de groei van het BNI in de wereld (3,0%), was groter dan de groei van het BNI in Europa (1,8%).

Vergelijking met buren. Het bruto nationaal inkomen van Noord-Macedonië was minder dan in Griekenland (US$235,6 miljard), in Bulgarije (US$29,9 miljard), in Servië (US$28,4 miljard) en in Albanië (US$7,8 miljard). Het bruto nationaal inkomen per hoofd in Noord-Macedonië was groter dan in Albanië (US$2,5 duizend); maar minder dan in Griekenland (US$21,2 duizend), in Bulgarije (US$3,9 duizend) en in Servië (US$3,8 duizend). De groei van het bruto nationaal inkomen in Noord-Macedonië was groter dan in Griekenland (2,6%); maar minder dan in Albanië (5,5%), in Servië (5,1%) en in Bulgarije (4,9%).

Vergelijking met leiders. Het BNI van Noord-Macedonië was minder dan in de Verenigde Staten (US$12,7 biljoen), in Japan (US$4,8 biljoen), in Duitsland (US$2,8 biljoen), in China (US$2,6 biljoen) en in het Verenigd Koninkrijk (US$2,3 biljoen). Het bruto nationaal inkomen per hoofd in Noord-Macedonië was groter dan in China (US$1.950,5); maar minder dan in de Verenigde Staten (US$43,2 duizend), in het Verenigd Koninkrijk (US$38,5 duizend), in Japan (US$37,1 duizend) en in Duitsland (US$34,2 duizend). De groei van het bruto nationaal inkomen in Noord-Macedonië was groter dan in de Verenigde Staten (1,8%), in het Verenigd Koninkrijk (1,7%), in Duitsland (1,0%) en in Japan (0,62%); maar minder dan in China (10,4%).

de jaren 2010

Het bruto nationaal inkomen van Noord-Macedonië bedroeg in de jaren 2010 US$10,6 miljard per jaar, stond op de 142e plaats in de wereld, en was vergelijkbaar met Malta (US$10,6 miljard), Mongolië (US$10,6 miljard). Het aandeel in de wereld was 0,014%, en 0,051% in Europa.

Het BNI per hoofd in Noord-Macedonië was $5.098,6 in de jaren 2010s, stond op de 119e plaats in de wereld, en was vergelijkbaar met Fiji (US$5,0 duizend), Namibië (US$5,2 duizend). Het BNI per hoofd in Noord-Macedonië was in 2,1 keer lager dan het bruto nationaal inkomen per hoofd van de bevolking in de wereld ($10.611,7), en was in 5,5 keer lager dan het bruto nationaal inkomen per hoofd van de bevolking in Europa ($10.611,7).

De groei van het bruto nationaal inkomen in Noord-Macedonië bedroeg 2.2% in de jaren 2010, stond op de 137e plaats in de wereld, en was vergelijkbaar met Koeweit (2,2%), Antigua en Barbuda (2,2%). De groei van het BNI in Noord-Macedonië (2,2%) was minder dan de groei van het bruto nationaal inkomen in de wereld (3,1%), was groter dan de groei van het bruto nationaal inkomen in Europa (1,6%).

Vergelijking met buren. Het BNI van Noord-Macedonië was 21,6 keer minder dan in Griekenland (US$228,4 miljard), 5,3 keer minder dan in Bulgarije (US$56,3 miljard), 4,1 keer minder dan in Servië (US$43,6 miljard) en 18,6% minder dan in Albanië (US$13,0 miljard). Het bruto nationaal inkomen per hoofd in Noord-Macedonië was 13,7% groter dan in Albanië (US$4,5 duizend); maar 4,2 keer minder dan in Griekenland (US$21,4 duizend), 34,6% minder dan in Bulgarije (US$7,8 duizend) en 16,8% minder dan in Servië (US$6,1 duizend). De groei van het BNI in Noord-Macedonië was groter dan in Servië (1,5%) en in Griekenland (-2,0%); maar minder dan in Albanië (2,7%) en in Bulgarije (2,6%).

Vergelijking met leiders. Het bruto nationaal inkomen van Noord-Macedonië was 1.727,8 keer minder dan in de Verenigde Staten (US$18,3 biljoen), 987,9 keer minder dan in China (US$10,5 biljoen), 509,6 keer minder dan in Japan (US$5,4 biljoen), 353,9 keer minder dan in Duitsland (US$3,7 biljoen) en 259,2 keer minder dan in Frankrijk (US$2,7 biljoen). Het bruto nationaal inkomen per hoofd in Noord-Macedonië was 11,2 keer minder dan in de Verenigde Staten (US$57,3 duizend), 9,0 keer minder dan in Duitsland (US$45,8 duizend), 8,3 keer minder dan in Japan (US$42,2 duizend), 8,1 keer minder dan in Frankrijk (US$41,4 duizend) en 31,7% minder dan in China (US$7,5 duizend). De groei van het bruto nationaal inkomen in Noord-Macedonië was groter dan in Duitsland (2,0%), in Japan (1,4%) en in Frankrijk (1,4%); maar minder dan in China (7,7%) en in de Verenigde Staten (2,5%).

Part II. Structuur

Hoofdstuk IV. Landbouw

Landbouw, jacht, bosbouw, vissen (ISIC A-B)

De sector van de landbouw in Noord-Macedonië steeg van US$388,6 miljoen per jaar in de jaren 1990 tot US$1,0 miljard per jaar in de jaren 2010, dat wil zeggen met US$621,6 miljoen of 2,6 keer. De verandering vond plaats op US$576,4 miljoen als gevolg van een 2,3-voudige stijging van de prijzen, en ook op US$29,1 miljoen als gevolg van een 1,1-voudige toename van de productiviteit , evenals op US$16,1 miljoen als gevolg van de toename van de bevolking. De gemiddelde jaarlijkse groei van de landbouw is 0,61%. De minimumwaarde van de landbouw bedroeg US$226,7 miljoen in 1990. De maximumwaarde van de landbouw bedroeg US$1,2 miljard in 2014.

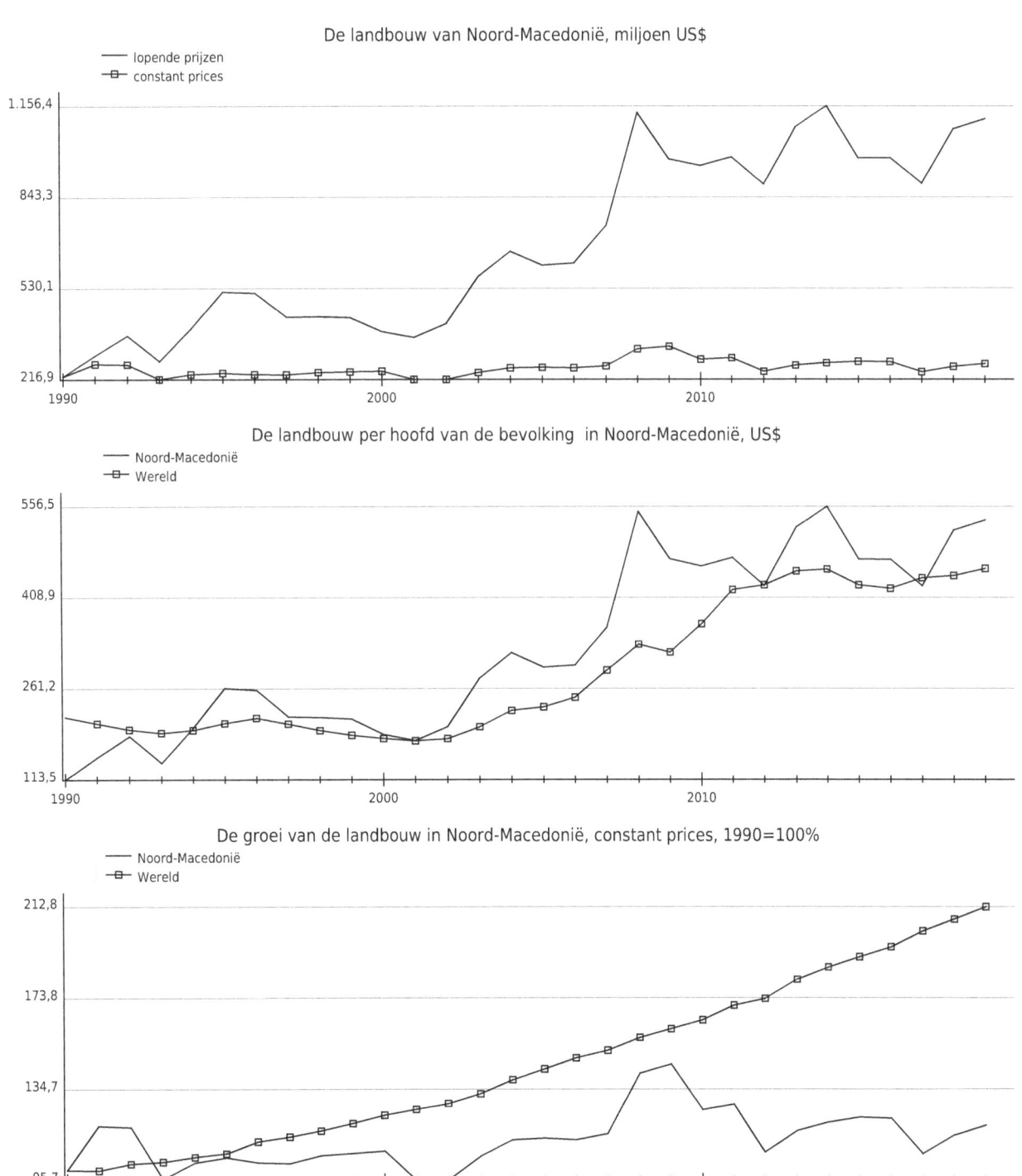

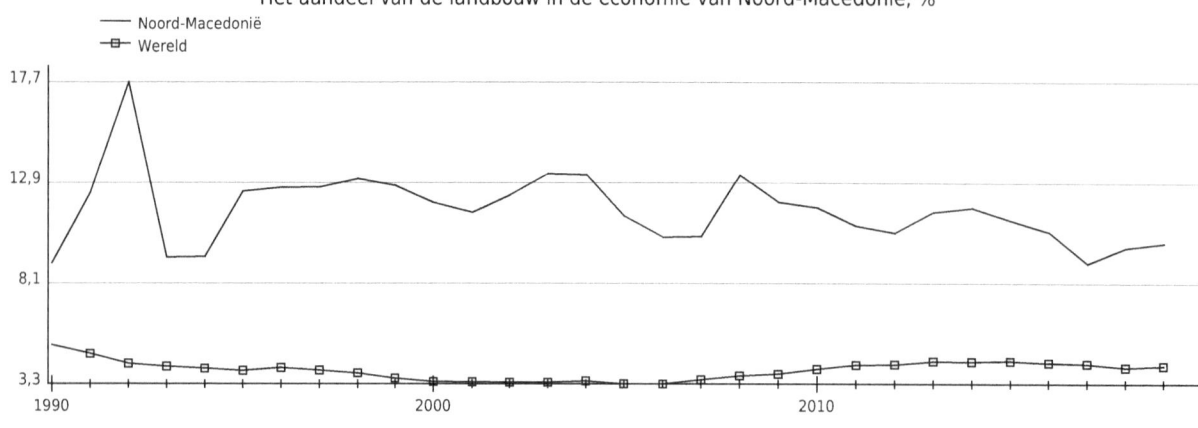

Het aandeel van de landbouw in de economie van Noord-Macedonië, %

de jaren 1990

De waarde van de landbouw in Noord-Macedonië bedroeg in de jaren 1990 US$388,6 miljoen per jaar, stond op de 134e plaats in de wereld. Het aandeel in de wereld was 0,034%, en 0,14% in Europa.

Het aandeel van de landbouw in de economie van Noord-Macedonië was 12,0% in de jaren 1990, stond op de 106e plaats in de wereld, en was vergelijkbaar met Montenegro (12,1%).

De sector van de landbouw per hoofd in Noord-Macedonië was $194,7 in de jaren 1990s, stond op de 107e plaats in de wereld, en was vergelijkbaar met Bosnië en Herzegovina (US$192,4), Kaapverdië (US$197,1), de Dominicaanse Republiek (US$197,6). De toegevoegde waarde van de landbouw per hoofd in Noord-Macedonië was 2,5% lager dan de landbouw per hoofd van de bevolking in de wereld ($199,8), en was 49,0% lager dan de landbouw per hoofd van de bevolking in Europa ($199,8).

De groei van de landbouw in Noord-Macedonië bedroeg 0.8% in de jaren 1990, stond op de 130e plaats in de wereld. De groei van de landbouw in Noord-Macedonië (0,77%) was minder dan de groei van de landbouw in de wereld (2,2%), was groter dan de groei van de landbouw in Europa (-1,6%).

Vergelijking met buren. De waarde van de landbouw in Noord-Macedonië was minder dan in Griekenland (US$8,9 miljard), in Servië (US$4,2 miljard), in Bulgarije (US$1,8 miljard) en in Albanië (US$926,6 miljoen). De waarde van de landbouw per hoofd in Noord-Macedonië was minder dan in Griekenland (US$833,2), in Servië (US$437,5), in Albanië (US$292,3) en in Bulgarije (US$208,4). De groei van de landbouw in Noord-Macedonië was groter dan in Griekenland (0,058%), in Bulgarije (-2,1%) en in Servië (-6,6%); maar minder dan in Albanië (3,9%).

Vergelijking met leiders. De waarde van de landbouw in Noord-Macedonië was minder dan in China (US$139,0 miljard), in de Verenigde Staten (US$96,1 miljard), in India (US$91,4 miljard), in Japan (US$78,9 miljard) en in Brazilië (US$36,8 miljard). De waarde van de landbouw per hoofd in Noord-Macedonië was groter dan in China (US$112,7) en in India (US$95,6); maar minder dan in Japan (US$625,5), in de Verenigde Staten (US$363,4) en in Brazilië (US$228,7). De groei van de landbouw in Noord-Macedonië was groter dan in Japan (-1,8%); maar minder dan in China (4,3%), in Brazilië (3,0%), in India (2,8%) en in de Verenigde Staten (2,6%).

de jaren 2000

De sector van de landbouw in Noord-Macedonië bedroeg in de jaren 2000 US$645,8 miljoen per jaar, stond op de 126e plaats in de wereld, en was vergelijkbaar met Letland (US$647,0 miljoen), Guyana (US$640,3 miljoen). Het aandeel in de wereld was 0,041%, en 0,23% in Europa.

Het aandeel van de landbouw in de economie van Noord-Macedonië was 12,0% in de jaren 2000, stond op de 82e plaats in de wereld.

De toegevoegde waarde van de landbouw per hoofd in Noord-Macedonië was $314,1 in de jaren 2000s, stond op de 64e plaats in de wereld, en was vergelijkbaar met België (US$313,1), Servië (US$311,5), Samoa (US$319,5). De landbouw per hoofd in Noord-Macedonië was 30,7% hoger dan de landbouw per hoofd van de bevolking in de wereld ($240,3), en was 18,8% lager dan de landbouw per hoofd van de bevolking in Europa ($240,3).

De groei van de landbouw in Noord-Macedonië bedroeg 3.1% in de jaren 2000, stond op de 74e plaats in de wereld, en was vergelijkbaar met Azië (3,1%), Noorwegen (3,1%), Bolivia (3,1%). De groei van de landbouw in Noord-Macedonië (3,1%) was groter dan de groei van de landbouw in de wereld (3,0%), was groter dan de groei van de landbouw in Europa (1,2%).

Vergelijking met buren. De sector van de landbouw in Noord-Macedonië was minder dan in Griekenland (US$9,1 miljard), in Servië (US$2,3 miljard), in Bulgarije (US$2,0 miljard) en in Albanië (US$1,5 miljard). De sector van de landbouw per hoofd in Noord-Macedonië was groter dan in Servië (US$311,5) en in Bulgarije (US$264,4); maar minder dan in Griekenland (US$812,9) en in Albanië (US$471,9). De groei van de landbouw in Noord-Macedonië was groter dan in Servië (0,54%), in Griekenland (-2,3%) en in Bulgarije (-2,7%); maar minder dan in Albanië (3,6%).

Vergelijking met leiders. De landbouw van Noord-Macedonië was minder dan in China (US$297,7 miljard), in India (US$147,6 miljard), in de Verenigde Staten (US$122,5 miljard), in Japan (US$57,1 miljard) en in Nigeria (US$47,6 miljard). De sector van de landbouw per hoofd in Noord-Macedonië was groter dan in China (US$224,5) en in India (US$129,7); maar minder dan in Japan (US$445,6), in de Verenigde Staten (US$416,9) en in Nigeria (US$346,4). De groei van de landbouw in Noord-Macedonië was groter dan in India (2,0%) en in Japan (-1,3%); maar minder dan in Nigeria (10,1%), in China (4,0%) en in de Verenigde Staten (3,6%).

de jaren 2010

De landbouw van Noord-Macedonië bedroeg in de jaren 2010 US$1,0 miljard per jaar, stond op de 129e plaats in de wereld, en was vergelijkbaar met Moldavië (US$1,0 miljard), Guyana (US$997,4 miljoen), Kirgizië (US$990,1 miljoen). Het aandeel in de wereld was 0,032%, en 0,28% in Europa.

Het aandeel van de landbouw in de economie van Noord-Macedonië was 10,7% in de jaren 2010, stond op de 79e plaats in de wereld, en was vergelijkbaar met Guatemala (10,6%), Oekraïne (10,8%).

De waarde van de landbouw per hoofd in Noord-Macedonië was $486,1 in de jaren 2010s, stond op de 60e plaats in de wereld, en was vergelijkbaar met Algerije (US$486,2), Noord-Europa (US$487,0), Indonesië (US$483,6). De landbouw per hoofd in Noord-Macedonië was 12,5% hoger dan de landbouw per hoofd van de bevolking in de wereld ($432,1), en was 1,1% lager dan de landbouw per hoofd van de bevolking in Europa ($432,1).

De groei van de landbouw in Noord-Macedonië bedroeg -2% in de jaren 2010, stond op de 191e plaats in de wereld. De groei van de landbouw in Noord-Macedonië (-2,0%) was minder dan de groei van de landbouw in de wereld (2,9%), was minder dan de groei van de landbouw in Europa (0,73%).

Vergelijking met buren. De sector van de landbouw in Noord-Macedonië was 7,9 keer minder dan in Griekenland (US$8,0 miljard), 3,0 keer minder dan in Servië (US$3,0 miljard), 2,4 keer minder dan in Albanië (US$2,5 miljard) en 2,3 keer minder dan in Bulgarije (US$2,3 miljard). De toegevoegde waarde van de landbouw per hoofd in Noord-Macedonië was 13,5% groter dan in Servië (US$428,1) en 51,8% groter dan in Bulgarije (US$320,2); maar 42,8% minder dan in Albanië (US$850,2) en 35,2% minder dan in Griekenland (US$750,0). De groei van de landbouw in Noord-Macedonië was minder dan in Albanië (2,7%), in Griekenland (1,7%), in Servië (1,3%) en in Bulgarije (0,069%).

Vergelijking met leiders. De sector van de landbouw in Noord-Macedonië was 877,3 keer minder dan in China (US$886,2 miljard), 359,8 keer minder dan in India (US$363,4 miljard), 178,5 keer minder dan in de Verenigde Staten (US$180,3 miljard), 122,8 keer minder dan in Indonesië (US$124,1 miljard) en 94,8 keer minder dan in Nigeria (US$95,8 miljard). De toegevoegde waarde van de landbouw per hoofd in Noord-Macedonië was 0,52% groter dan in Indonesië (US$483,6) en 74,1% groter dan in India (US$279,1); maar 23,1% minder dan in China (US$631,9), 13,9% minder dan in de Verenigde Staten (US$564,3) en 9,1% minder dan in Nigeria (US$534,6). De groei van de landbouw in Noord-Macedonië was minder dan in India (4,1%), in Indonesië (3,9%), in China (3,8%), in Nigeria (3,6%) en in de Verenigde Staten (2,0%).

Hoofdstuk V. Industrie

Mijnbouw, productie, nutsbedrijven (ISIC C-E)

De toegevoegde waarde van de industrie in Noord-Macedonië steeg van US$615,7 miljoen per jaar in de jaren 1990 tot US$1,8 miljard per jaar in de jaren 2010, dat wil zeggen met US$1,2 miljard of 3,0 keer. De verandering vond plaats op US$858,2 miljoen als gevolg van een 1,9-voudige stijging van de prijzen, en ook op US$332,5 miljoen als gevolg van een 1,5-voudige toename van de productiviteit , evenals op US$25,5 miljoen als gevolg van de toename van de bevolking. De gemiddelde jaarlijkse groei van de industrie is 0,82%. De minimumwaarde van de industrie bedroeg US$470,9 miljoen in 1992. De maximumwaarde van de industrie bedroeg US$2,4 miljard in 2019.

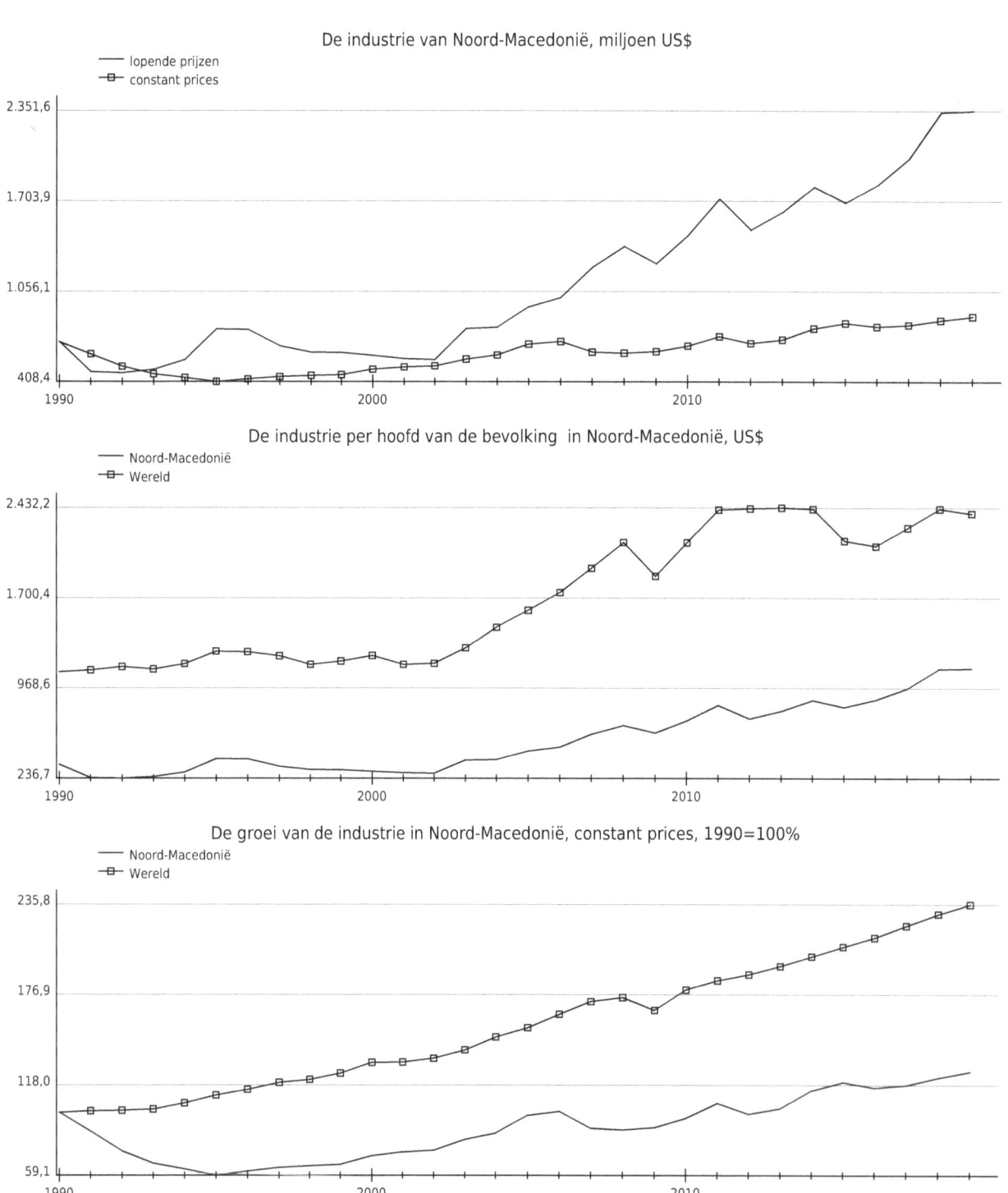

De industrie van Noord-Macedonië, miljoen US$

De industrie per hoofd van de bevolking in Noord-Macedonië, US$

De groei van de industrie in Noord-Macedonië, constant prices, 1990=100%

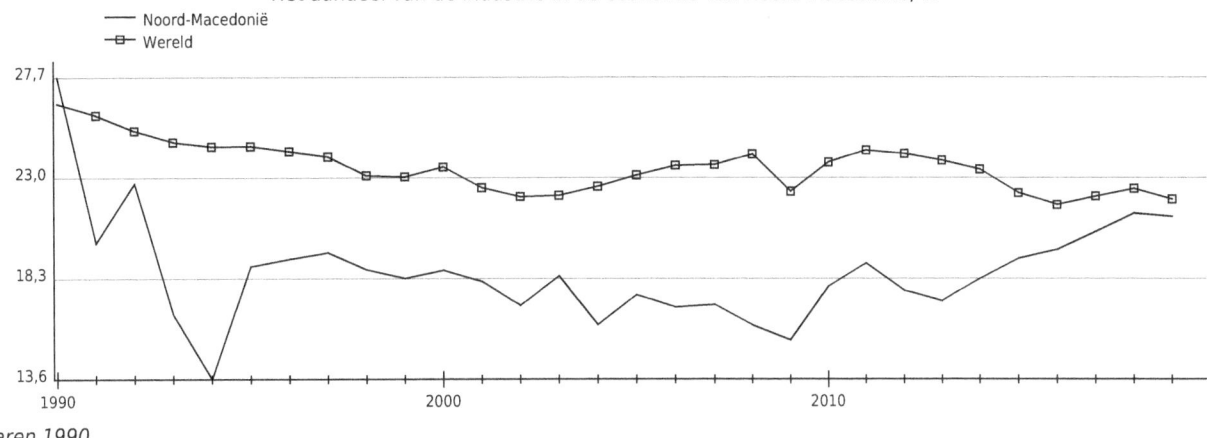

Het aandeel van de industrie in de economie van Noord-Macedonië, %

de jaren 1990

De toegevoegde waarde van de industrie in Noord-Macedonië bedroeg in de jaren 1990 US$615,7 miljoen per jaar, stond op de 129e plaats in de wereld, en was vergelijkbaar met Nicaragua (US$623,7 miljoen), Malawi (US$625,6 miljoen), Liechtenstein (US$601,5 miljoen). Het aandeel in de wereld was 0,0092%, en 0,029% in Europa.

Het aandeel van de industrie in de economie van Noord-Macedonië was 19,1% in de jaren 1990, stond op de 133e plaats in de wereld, en was vergelijkbaar met Palestina (19,1%), Kaapverdië (19,1%).

De industrie per hoofd in Noord-Macedonië was $308,6 in de jaren 1990s, stond op de 118e plaats in de wereld, en was vergelijkbaar met Marokko (US$309,6), Saint Vincent en de Grenadines (US$307,5), El Salvador (US$310,2). De toegevoegde waarde van de industrie per hoofd in Noord-Macedonië was in 3,8 keer lager dan de industrie per hoofd van de bevolking in de wereld ($1.175,6), en was in 9,6 keer lager dan de industrie per hoofd van de bevolking in Europa ($1.175,6).

De groei van de industrie in Noord-Macedonië bedroeg -4.5% in de jaren 1990, stond op de 180e plaats in de wereld. De groei van de industrie in Noord-Macedonië (-4,5%) was minder dan de groei van de industrie in de wereld (2,5%), was minder dan de groei van de industrie in Europa (0,0047%).

Vergelijking met buren. De industrie van Noord-Macedonië was groter dan in Albanië (US$350,8 miljoen); maar minder dan in Griekenland (US$18,5 miljard), in Servië (US$6,8 miljard) en in Bulgarije (US$2,8 miljard). De toegevoegde waarde van de industrie per hoofd in Noord-Macedonië was groter dan in Albanië (US$110,7); maar minder dan in Griekenland (US$1.731,0), in Servië (US$710,0) en in Bulgarije (US$329,9). De groei van de industrie in Noord-Macedonië was groter dan in Bulgarije (-5,2%), in Servië (-7,0%) en in Albanië (-9,7%); maar minder dan in Griekenland (1,2%).

Vergelijking met leiders. De industrie van Noord-Macedonië was minder dan in de Verenigde Staten (US$1,5 biljoen), in Japan (US$1,2 biljoen), in Duitsland (US$534,0 miljard), in China (US$285,9 miljard) en in het Verenigd Koninkrijk (US$268,6 miljard). De industrie per hoofd in Noord-Macedonië was groter dan in China (US$231,9); maar minder dan in Japan (US$9,4 duizend), in Duitsland (US$6,6 duizend), in de Verenigde Staten (US$5,7 duizend) en in het Verenigd Koninkrijk (US$4,6 duizend). De groei van de industrie in Noord-Macedonië was minder dan in China (13,1%), in de Verenigde Staten (2,8%), in Japan (1,3%), in het Verenigd Koninkrijk (1,2%) en in Duitsland (0,33%).

de jaren 2000

De sector van de industrie in Noord-Macedonië bedroeg in de jaren 2000 US$913,1 miljoen per jaar, stond op de 137e plaats in de wereld, en was vergelijkbaar met Malta (US$915,6 miljoen), Mongolië (US$901,2 miljoen). Het aandeel in de wereld was 0,0089%, en 0,031% in Europa.

Het aandeel van de industrie in de economie van Noord-Macedonië was 16,9% in de jaren 2000, stond op de 132e plaats in de wereld, en was vergelijkbaar met Malta (16,8%), Kenia (16,8%), Montenegro (17,0%).

De industrie per hoofd in Noord-Macedonië was $444,1 in de jaren 2000s, stond op de 128e plaats in de wereld, en was vergelijkbaar met Saint Vincent en de Grenadines (US$446,4), Guyana (US$438,2), Egypte (US$450,6). De industrie per hoofd in Noord-Macedonië was in 3,5 keer lager dan de industrie per hoofd van de bevolking in de wereld ($1.573,8), en was in 9,0 keer lager dan de industrie per hoofd van de bevolking in Europa ($1.573,8).

De groei van de industrie in Noord-Macedonië bedroeg 3.2% in de jaren 2000, stond op de 85e plaats in de wereld, en was vergelijkbaar met Cuba (3,1%), Slovenië (3,1%), Congo-Kinshasa (3,1%). De groei van de industrie in Noord-Macedonië (3,2%) was groter dan de groei van de industrie in de wereld (2,9%), was groter dan de groei van de industrie in Europa (0,63%).

Vergelijking met buren. De waarde van de industrie in Noord-Macedonië was groter dan in Albanië (US$697,6 miljoen); maar minder dan in Griekenland (US$28,3 miljard), in Servië (US$7,2 miljard) en in Bulgarije (US$5,8 miljard). De sector van de industrie per hoofd in Noord-Macedonië was groter dan in Albanië (US$226,7); maar minder dan in Griekenland (US$2,5 duizend), in Servië (US$968,0) en in Bulgarije (US$745,0). De groei van de industrie in Noord-Macedonië was groter dan in Servië (3,1%), in Albanië (2,7%) en in Griekenland (1,4%); maar minder dan in Bulgarije (5,0%).

Vergelijking met leiders. De sector van de industrie in Noord-Macedonië was minder dan in de Verenigde Staten (US$2,1 biljoen), in Japan (US$1,1 biljoen), in China (US$1,1 biljoen), in Duitsland (US$629,4 miljard) en in het Verenigd Koninkrijk (US$345,1 miljard). De sector van de industrie per hoofd in Noord-Macedonië was minder dan in Japan (US$8,8 duizend), in Duitsland (US$7,7 duizend), in de Verenigde Staten (US$7,1 duizend), in het Verenigd Koninkrijk (US$5,7 duizend) en in China (US$795,3). De groei van de industrie in Noord-Macedonië was groter dan in de Verenigde Staten (1,5%), in Duitsland (0,19%), in Japan (0,15%) en in het Verenigd Koninkrijk (-1,1%); maar minder dan in China (11,1%).

de jaren 2010

De toegevoegde waarde van de industrie in Noord-Macedonië bedroeg in de jaren 2010 US$1,8 miljard per jaar, stond op de 136e plaats in de wereld, en was vergelijkbaar met Niger (US$1,8 miljard), Mauritius (US$1,8 miljard), Jamaica (US$1,8 miljard). Het aandeel in de wereld was 0,011%, en 0,048% in Europa.

Het aandeel van de industrie in de economie van Noord-Macedonië was 19,3% in de jaren 2010, stond op de 107e plaats in de wereld, en was vergelijkbaar met de Dominicaanse Republiek (19,4%), Canada (19,2%), Zweden (19,2%).

De sector van de industrie per hoofd in Noord-Macedonië was $881,6 in de jaren 2010s, stond op de 115e plaats in de wereld, en was vergelijkbaar met Macau (US$868,1), Tunesië (US$860,5). De sector van de industrie per hoofd in Noord-Macedonië was in 2,6 keer lager dan de industrie per hoofd van de bevolking in de wereld ($2.320,9), en was in 5,8 keer lager dan de industrie per hoofd van de bevolking in Europa ($2.320,9).

De groei van de industrie in Noord-Macedonië bedroeg 3.5% in de jaren 2010, stond op de 79e plaats in de wereld, en was vergelijkbaar met Bolivia (3,4%), de Seychellen (3,5%). De groei van de industrie in Noord-Macedonië (3,5%) was minder dan de groei van de industrie in de wereld (3,5%), was groter dan de groei van de industrie in Europa (2,0%).

Vergelijking met buren. De waarde van de industrie in Noord-Macedonië was 16,6% groter dan in Albanië (US$1,6 miljard); maar 14,9 keer minder dan in Griekenland (US$27,3 miljard), 6,0 keer minder dan in Bulgarije (US$11,0 miljard) en 5,5 keer minder dan in Servië (US$10,1 miljard). De waarde van de industrie per hoofd in Noord-Macedonië was 62,8% groter dan in Albanië (US$541,5); maar 2,9 keer minder dan in Griekenland (US$2,6 duizend), 42,4% minder dan in Bulgarije (US$1.530,9) en 37,6% minder dan in Servië (US$1.412,5). De groei van de industrie in Noord-Macedonië was groter dan in Bulgarije (2,5%), in Servië (1,3%) en in Griekenland (-3,4%); maar minder dan in Albanië (4,5%).

Vergelijking met leiders. De sector van de industrie in Noord-Macedonië was 2.010,5 keer minder dan in China (US$3,7 biljoen), 1.496,5 keer minder dan in de Verenigde Staten (US$2,7 biljoen), 649,8 keer minder dan in Japan (US$1,2 biljoen), 458,5 keer minder dan in Duitsland (US$840,0 miljard) en 242,0 keer minder dan in India (US$443,4 miljard). De waarde van de industrie per hoofd in Noord-Macedonië was 2,6 keer groter dan in India (US$340,6); maar 11,6 keer minder dan in Duitsland (US$10,3 duizend), 10,6 keer minder dan in Japan (US$9,3 duizend), 9,7 keer minder dan in de Verenigde Staten (US$8,6 duizend) en 3,0 keer minder dan in China (US$2,6 duizend). De groei van de industrie in Noord-Macedonië was groter dan in Duitsland (3,2%), in Japan (2,6%) en in de Verenigde Staten (2,2%); maar minder dan in China (7,5%) en in India (6,5%).

Hoofdstuk 5.1. Fabricage

(ISIC D)

De fabricage van Noord-Macedonië steeg van US$384,0 miljoen per jaar in de jaren 1990 tot US$1,3 miljard per jaar in de jaren 2010, dat wil zeggen met US$883,9 miljoen of 3,3 keer. De verandering vond plaats op US$618,0 miljoen als gevolg van een 2,0-voudige stijging van de prijzen, en ook op US$250,0 miljoen als gevolg van een 1,6-voudige toename van de productiviteit , evenals op US$15,9 miljoen als gevolg van de toename van de bevolking. De gemiddelde jaarlijkse groei van de fabricage is 0,90%. De minimumwaarde van de fabricage bedroeg US$323,8 miljoen in 1991. De maximumwaarde van de fabricage bedroeg US$1,7 miljard in 2018.

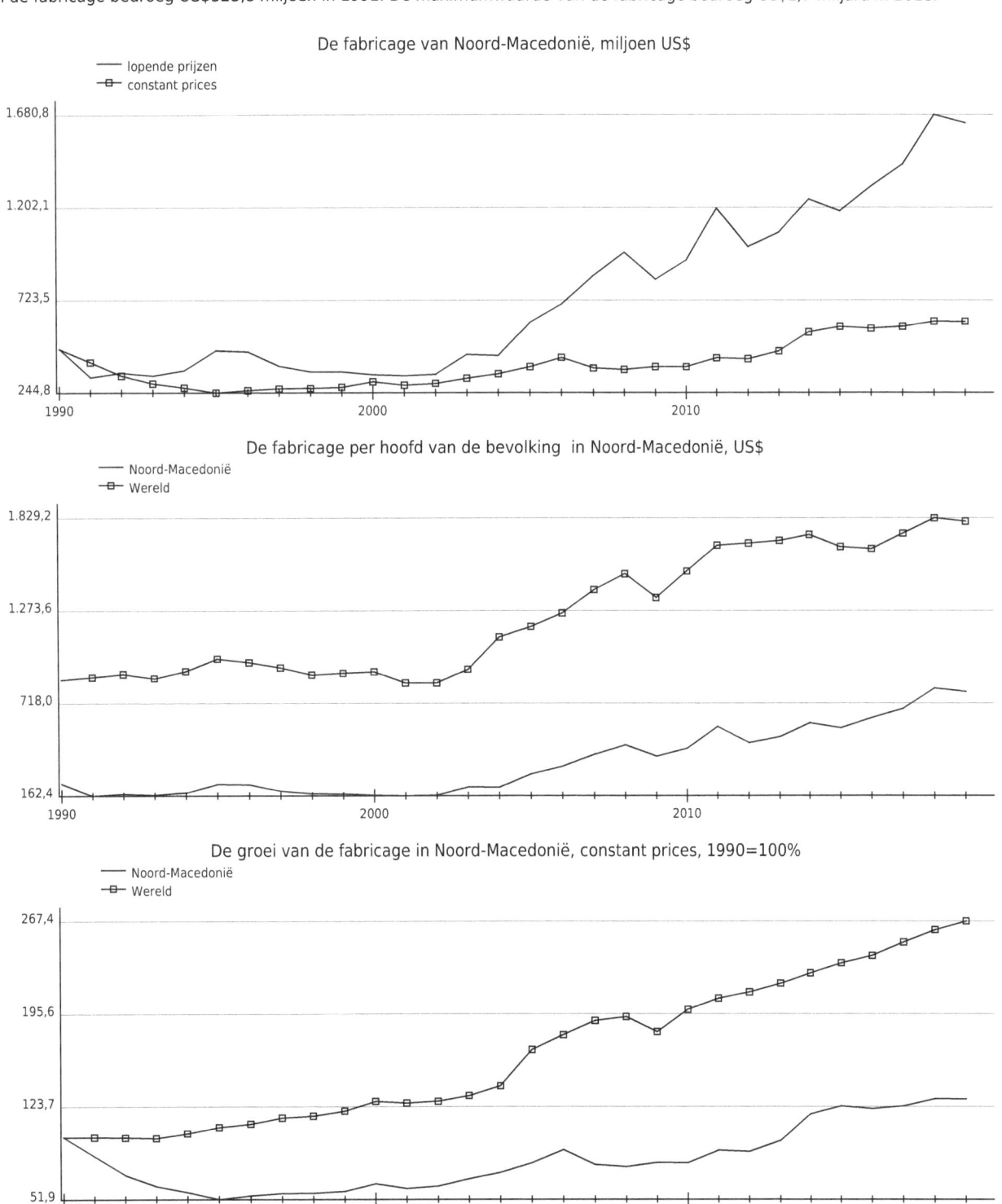

De fabricage van Noord-Macedonië, miljoen US$

De fabricage per hoofd van de bevolking in Noord-Macedonië, US$

De groei van de fabricage in Noord-Macedonië, constant prices, 1990=100%

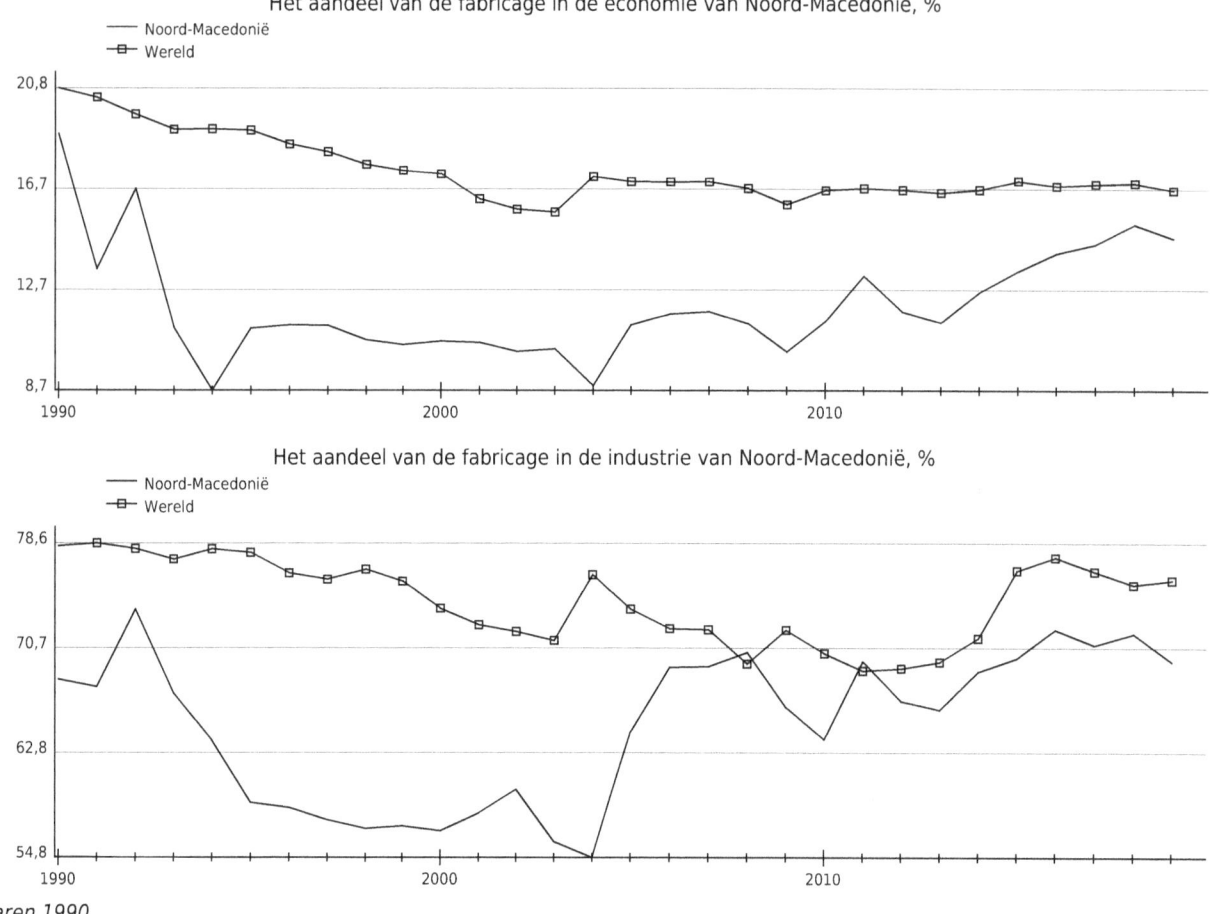

Het aandeel van de fabricage in de economie van Noord-Macedonië, %

Het aandeel van de fabricage in de industrie van Noord-Macedonië, %

de jaren 1990

De toegevoegde waarde van de fabricage in Noord-Macedonië bedroeg in de jaren 1990 US$384,0 miljoen per jaar, stond op de 130e plaats in de wereld, en was vergelijkbaar met Armenië (US$384,4 miljoen), Ethiopië (US$387,3 miljoen). Het aandeel in de wereld was 0,0074%, en 0,022% in Europa.

Het aandeel van de fabricage in de economie van Noord-Macedonië was 11,9% in de jaren 1990, stond op de 119e plaats in de wereld, en was vergelijkbaar met Panama (11,9%).

De fabricage per hoofd in Noord-Macedonië was $192,4 in de jaren 1990s, stond op de 114e plaats in de wereld, en was vergelijkbaar met Guatemala (US$188,7), Montenegro (US$196,3), Saint Vincent en de Grenadines (US$196,5). De toegevoegde waarde van de fabricage per hoofd in Noord-Macedonië was in 4,7 keer lager dan de fabricage per hoofd van de bevolking in de wereld ($908,4), en was in 12,7 keer lager dan de fabricage per hoofd van de bevolking in Europa ($908,4).

De groei van de fabricage in Noord-Macedonië bedroeg -5.9% in de jaren 1990, stond op de 186e plaats in de wereld, en was vergelijkbaar met Haïti (-5,9%). De groei van de fabricage in Noord-Macedonië (-5,9%) was minder dan de groei van de fabricage in de wereld (2,0%), was minder dan de groei van de fabricage in Europa (0,24%).

Vergelijking met buren. De sector van de fabricage in Noord-Macedonië was groter dan in Albanië (US$177,3 miljoen); maar minder dan in Griekenland (US$13,8 miljard), in Servië (US$5,4 miljard) en in Bulgarije (US$1,9 miljard). De waarde van de fabricage per hoofd in Noord-Macedonië was groter dan in Albanië (US$55,9); maar minder dan in Griekenland (US$1.298,3), in Servië (US$568,3) en in Bulgarije (US$220,2). De groei van de fabricage in Noord-Macedonië was groter dan in Servië (-6,7%) en in Albanië (-8,6%); maar minder dan in Griekenland (0,26%) en in Bulgarije (-5,4%).

Vergelijking met leiders. De waarde van de fabricage in Noord-Macedonië was minder dan in de Verenigde Staten (US$1,2 biljoen), in Japan (US$1,0 biljoen), in Duitsland (US$468,8 miljard), in Italië (US$227,8 miljard) en in Frankrijk (US$215,0 miljard). De fabricage per hoofd in Noord-Macedonië was minder dan in Japan (US$8,3 duizend), in Duitsland (US$5,8 duizend), in de Verenigde Staten (US$4,7 duizend), in Italië (US$4,0 duizend) en in Frankrijk (US$3,6 duizend). De groei van de fabricage in Noord-Macedonië was minder dan in de Verenigde Staten (3,2%), in Frankrijk (2,4%), in Italië (1,2%), in Japan (1,1%) en in Duitsland (0,26%).

de jaren 2000

De toegevoegde waarde van de fabricage in Noord-Macedonië bedroeg in de jaren 2000 US$584,5 miljoen per jaar, stond op de 134e plaats in de wereld, en was vergelijkbaar met San Marino (US$579,0 miljoen), Armenië (US$594,5 miljoen). Het aandeel in de wereld was 0,0079%, en 0,025% in Europa.

Het aandeel van de fabricage in de economie van Noord-Macedonië was 10,8% in de jaren 2000, stond op de 119e plaats in de wereld, en was vergelijkbaar met Australazië (10,8%), Belize (10,8%), Georgië (10,8%).

De sector van de fabricage per hoofd in Noord-Macedonië was $284,3 in de jaren 2000s, stond op de 116e plaats in de wereld, en was vergelijkbaar met Sri Lanka (US$279,5), Gabon (US$290,3), Montenegro (US$278,0). De toegevoegde waarde van de fabricage per hoofd in Noord-Macedonië was in 4,0 keer lager dan de fabricage per hoofd van de bevolking in de wereld ($1.138,1), en was in 11,1 keer lager dan de fabricage per hoofd van de bevolking in Europa ($1.138,1).

De groei van de fabricage in Noord-Macedonië bedroeg 3.3% in de jaren 2000, stond op de 96e plaats in de wereld. De groei van de fabricage in Noord-Macedonië (3,3%) was minder dan de groei van de fabricage in de wereld (4,2%), was groter dan de groei van de fabricage in Europa (0,69%).

Vergelijking met buren. De fabricage van Noord-Macedonië was groter dan in Albanië (US$364,6 miljoen); maar minder dan in Griekenland (US$20,7 miljard), in Servië (US$5,4 miljard) en in Bulgarije (US$4,0 miljard). De toegevoegde waarde van de fabricage per hoofd in Noord-Macedonië was groter dan in Albanië (US$118,5); maar minder dan in Griekenland (US$1.862,0), in Servië (US$732,0) en in Bulgarije (US$520,2). De groei van de fabricage in Noord-Macedonië was groter dan in Griekenland (1,1%); maar minder dan in Albanië (7,8%), in Bulgarije (6,6%) en in Servië (3,4%).

Vergelijking met leiders. De toegevoegde waarde van de fabricage in Noord-Macedonië was minder dan in de Verenigde Staten (US$1,6 biljoen), in China (US$1,1 biljoen), in Japan (US$992,9 miljard), in Duitsland (US$551,4 miljard) en in Italië (US$277,2 miljard). De toegevoegde waarde van de fabricage per hoofd in Noord-Macedonië was minder dan in Japan (US$7,7 duizend), in Duitsland (US$6,8 duizend), in de Verenigde Staten (US$5,6 duizend), in Italië (US$4,8 duizend) en in China (US$815,3). De groei van de fabricage in Noord-Macedonië was groter dan in de Verenigde Staten (1,6%), in Japan (0,32%), in Duitsland (0,097%) en in Italië (-1,3%).

de jaren 2010

De fabricage van Noord-Macedonië bedroeg in de jaren 2010 US$1,3 miljard per jaar, stond op de 126e plaats in de wereld, en was vergelijkbaar met Mozambique (US$1,3 miljard). Het aandeel in de wereld was 0,010%, en 0,044% in Europa.

Het aandeel van de fabricage in de economie van Noord-Macedonië was 13,4% in de jaren 2010, stond op de 84e plaats in de wereld, en was vergelijkbaar met Costa Rica (13,4%), Zuid-Afrika (13,4%), Kosovo (13,4%).

De toegevoegde waarde van de fabricage per hoofd in Noord-Macedonië was $610,1 in de jaren 2010s, stond op de 99e plaats in de wereld, en was vergelijkbaar met Tunesië (US$607,6), Bosnië en Herzegovina (US$614,4), Namibië (US$620,4). De toegevoegde waarde van de fabricage per hoofd in Noord-Macedonië was in 2,8 keer lager dan de fabricage per hoofd van de bevolking in de wereld ($1.697,4), en was in 6,4 keer lager dan de fabricage per hoofd van de bevolking in Europa ($1.697,4).

De groei van de fabricage in Noord-Macedonië bedroeg 4.9% in de jaren 2010, stond op de 50e plaats in de wereld, en was vergelijkbaar met Zuidoost-Azië (4,9%), Groenland (5,0%). De groei van de fabricage in Noord-Macedonië (4,9%) was groter dan de groei van de fabricage in de wereld (3,9%), was groter dan de groei van de fabricage in Europa (2,5%).

Vergelijking met buren. De toegevoegde waarde van de fabricage in Noord-Macedonië was 73,4% groter dan in Albanië (US$731,2 miljoen); maar 14,3 keer minder dan in Griekenland (US$18,1 miljard), 5,9 keer minder dan in Bulgarije (US$7,5 miljard) en 5,4 keer minder dan in Servië (US$6,9 miljard). De waarde van de fabricage per hoofd in Noord-Macedonië was 2,4 keer groter dan in Albanië (US$252,0); maar 2,8 keer minder dan in Griekenland (US$1.699,3), 41,3% minder dan in Bulgarije (US$1.039,4) en 36,6% minder dan in Servië (US$962,1). De groei van de fabricage in Noord-Macedonië was groter dan in Bulgarije (3,1%), in Servië (1,6%) en in Griekenland (-3,5%); maar minder dan in Albanië (5,6%).

Vergelijking met leiders. De waarde van de fabricage in Noord-Macedonië was 2.457,0 keer minder dan in China (US$3,1 biljoen), 1.633,1 keer minder dan in de Verenigde Staten (US$2,1 biljoen), 836,1 keer minder dan in Japan (US$1,1 biljoen), 579,9 keer minder dan in Duitsland (US$735,2 miljard) en 308,0 keer minder dan in Zuid-Korea (US$390,5 miljard). De waarde van de fabricage per hoofd in Noord-Macedonië was 14,7 keer minder dan in Duitsland (US$9,0 duizend), 13,6 keer minder dan in Japan (US$8,3 duizend), 12,7 keer minder dan in Zuid-Korea (US$7,7 duizend), 10,6 keer minder dan in de Verenigde Staten (US$6,5 duizend) en 3,6 keer minder dan in China (US$2,2 duizend). De groei van de fabricage in Noord-Macedonië was groter dan in Zuid-Korea (3,8%), in Duitsland (3,5%), in Japan (3,0%) en in de Verenigde Staten (1,9%); maar minder dan in China (7,5%).

Hoofdstuk VI. Constructie

(ISIC F)

De bouw van Noord-Macedonië steeg van US$187,7 miljoen per jaar in de jaren 1990 tot US$673,5 miljoen per jaar in de jaren 2010, dat wil zeggen met US$485,8 miljoen of 3,6 keer. De verandering vond plaats op US$228,0 miljoen als gevolg van een 1,5-voudige stijging van de prijzen, en ook op US$250,0 miljoen als gevolg van een 2,3-voudige toename van de productiviteit , evenals op US$7,8 miljoen als gevolg van de toename van de bevolking. De gemiddelde jaarlijkse groei van de constructie is 2,2%. De minimumwaarde van de constructie bedroeg US$119,1 miljoen in 1992. De maximumwaarde van de constructie bedroeg US$787,2 miljoen in 2014.

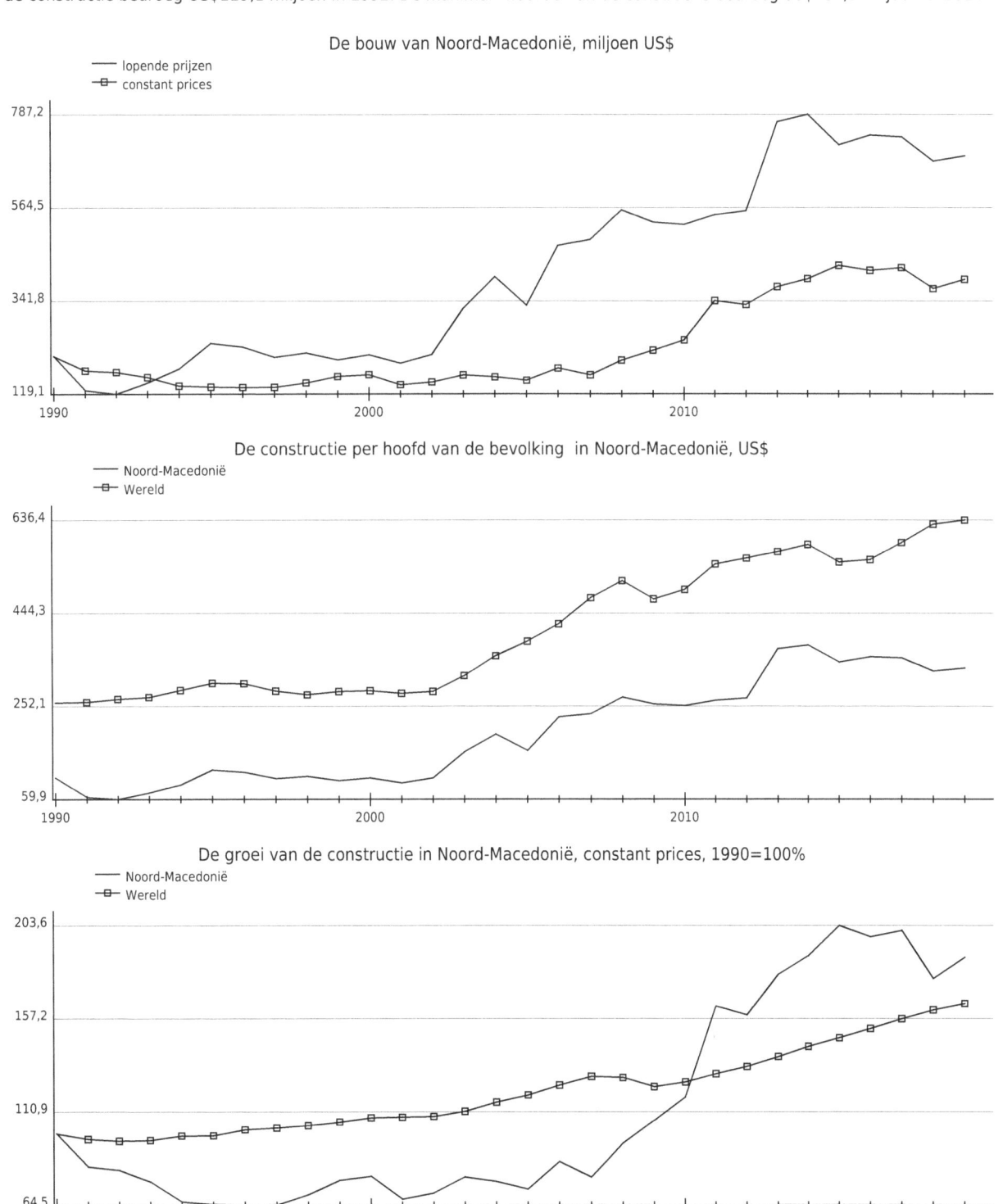

De bouw van Noord-Macedonië, miljoen US$

De constructie per hoofd van de bevolking in Noord-Macedonië, US$

De groei van de constructie in Noord-Macedonië, constant prices, 1990=100%

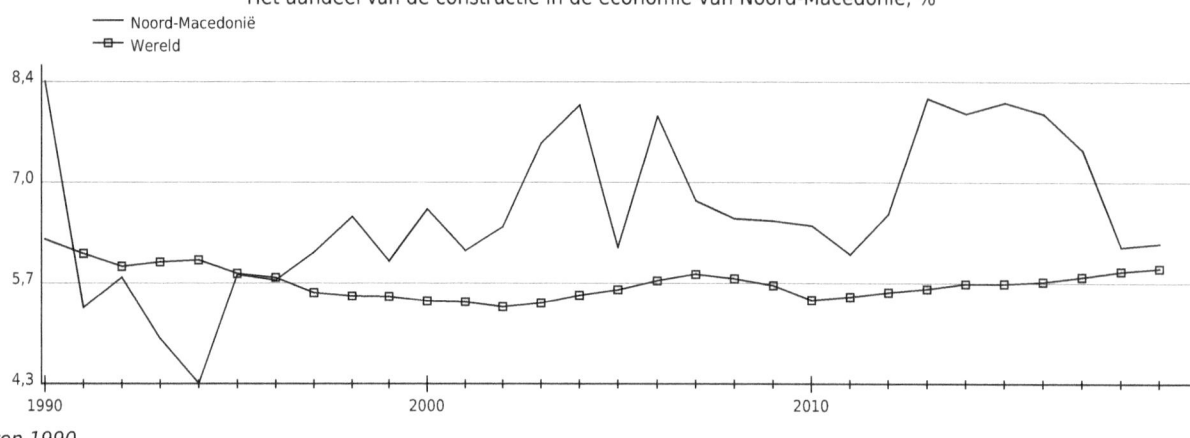

Het aandeel van de constructie in de economie van Noord-Macedonië, %

de jaren 1990

De waarde van de constructie in Noord-Macedonië bedroeg in de jaren 1990 US$187,7 miljoen per jaar, stond op de 128e plaats in de wereld, en was vergelijkbaar met Polynesië (US$186,9 miljoen), Monaco (US$186,5 miljoen), Brunei (US$189,6 miljoen). Het aandeel in de wereld was 0,012%, en 0,034% in Europa.

Het aandeel van de constructie in de economie van Noord-Macedonië was 5,8% in de jaren 1990, stond op de 99e plaats in de wereld, en was vergelijkbaar met de Wereld (5,8%), Zuidoost-Azië (5,8%), China (5,8%).

De waarde van de constructie per hoofd in Noord-Macedonië was $94,1 in de jaren 1990s, stond op de 111e plaats in de wereld. De bouw per hoofd in Noord-Macedonië was in 3,0 keer lager dan de constructie per hoofd van de bevolking in de wereld ($278,6), en was in 8,1 keer lager dan de constructie per hoofd van de bevolking in Europa ($278,6).

De groei van de constructie in Noord-Macedonië bedroeg -2.9% in de jaren 1990, stond op de 172e plaats in de wereld. De groei van de constructie in Noord-Macedonië (-2,9%) was minder dan de groei van de constructie in de wereld (0,71%), was minder dan de groei van de constructie in Europa (-1,7%).

Vergelijking met buren. De constructie van Noord-Macedonië was minder dan in Griekenland (US$7,1 miljard), in Servië (US$1,3 miljard), in Bulgarije (US$562,9 miljoen) en in Albanië (US$225,1 miljoen). De sector van de constructie per hoofd in Noord-Macedonië was groter dan in Albanië (US$71,0) en in Bulgarije (US$66,7); maar minder dan in Griekenland (US$669,8) en in Servië (US$140,3). De groei van de constructie in Noord-Macedonië was groter dan in Servië (-8,9%); maar minder dan in Albanië (3,5%), in Griekenland (2,0%) en in Bulgarije (-1,5%).

Vergelijking met leiders. De toegevoegde waarde van de constructie in Noord-Macedonië was minder dan in Japan (US$343,2 miljard), in de Verenigde Staten (US$299,1 miljard), in Duitsland (US$125,2 miljard), in het Verenigd Koninkrijk (US$69,8 miljard) en in Frankrijk (US$68,8 miljard). De toegevoegde waarde van de constructie per hoofd in Noord-Macedonië was minder dan in Japan (US$2,7 duizend), in Duitsland (US$1.552,3), in het Verenigd Koninkrijk (US$1.205,1), in Frankrijk (US$1.158,8) en in de Verenigde Staten (US$1.131,2). De groei van de constructie in Noord-Macedonië was minder dan in de Verenigde Staten (1,8%), in Duitsland (-0,047%), in het Verenigd Koninkrijk (-0,34%), in Frankrijk (-0,65%) en in Japan (-1,0%).

de jaren 2000

De bouw van Noord-Macedonië bedroeg in de jaren 2000 US$372,3 miljoen per jaar, stond op de 126e plaats in de wereld, en was vergelijkbaar met Afghanistan (US$376,8 miljoen), Ivoorkust (US$364,0 miljoen). Het aandeel in de wereld was 0,015%, en 0,044% in Europa.

Het aandeel van de constructie in de economie van Noord-Macedonië was 6,9% in de jaren 2000, stond op de 71e plaats in de wereld, en was vergelijkbaar met Indonesië (6,9%), Angola (6,9%).

De bouw per hoofd in Noord-Macedonië was $181,1 in de jaren 2000s, stond op de 111e plaats in de wereld, en was vergelijkbaar met Azië (US$181,9), Maleisië (US$182,5), Gabon (US$178,6). De constructie per hoofd in Noord-Macedonië was in 2,1 keer lager dan de constructie per hoofd van de bevolking in de wereld ($381,3), en was in 6,3 keer lager dan de constructie per hoofd van de bevolking in Europa ($381,3).

De groei van de constructie in Noord-Macedonië bedroeg 3.3% in de jaren 2000, stond op de 122e plaats in de wereld, en was vergelijkbaar met Nieuw-Zeeland (3,3%). De groei van de constructie in Noord-Macedonië (3,3%) was groter dan de groei van de constructie in de wereld (1,5%), was groter dan de groei van de constructie in Europa (0,97%).

Vergelijking met buren. De sector van de constructie in Noord-Macedonië was minder dan in Griekenland (US$15,0 miljard), in Bulgarije (US$1,9 miljard), in Albanië (US$1,2 miljard) en in Servië (US$1,1 miljard). De waarde van de constructie per hoofd in Noord-Macedonië was groter dan in Servië (US$149,1); maar minder dan in Griekenland (US$1.349,8), in Albanië (US$384,4) en in Bulgarije (US$246,1). De groei van de constructie in Noord-Macedonië was groter dan in Griekenland (1,5%); maar minder dan in Albanië (12,9%), in Servië (11,4%) en in Bulgarije (7,5%).

Vergelijking met leiders. De toegevoegde waarde van de constructie in Noord-Macedonië was minder dan in de Verenigde Staten (US$583,0 miljard), in Japan (US$270,5 miljard), in China (US$150,1 miljard), in het Verenigd Koninkrijk (US$132,1 miljard) en in Spanje (US$111,8 miljard). De constructie per hoofd in Noord-Macedonië was groter dan in China (US$113,1); maar minder dan in Spanje (US$2,6 duizend), in het Verenigd Koninkrijk (US$2,2 duizend), in Japan (US$2,1 duizend) en in de Verenigde Staten (US$1.983,7). De groei van de constructie in Noord-Macedonië was groter dan in Spanje (1,7%), in het Verenigd Koninkrijk (0,17%), in de Verenigde Staten (-2,6%) en in Japan (-3,9%); maar minder dan in China (11,9%).

de jaren 2010

De bouw van Noord-Macedonië bedroeg in de jaren 2010 US$673,5 miljoen per jaar, stond op de 130e plaats in de wereld, en was vergelijkbaar met Moldavië (US$664,9 miljoen), Mali (US$664,0 miljoen). Het aandeel in de wereld was 0,016%, en 0,064% in Europa.

Het aandeel van de constructie in de economie van Noord-Macedonië was 7,1% in de jaren 2010, stond op de 69e plaats in de wereld, en was vergelijkbaar met Nepal (7,1%), Roemenië (7,1%), Montserrat (7,1%).

De constructie per hoofd in Noord-Macedonië was $324,1 in de jaren 2010s, stond op de 119e plaats in de wereld, en was vergelijkbaar met Nauru (US$324,1), Paraguay (US$325,8), Jamaica (US$325,9). De sector van de constructie per hoofd in Noord-Macedonië was 43,4% lager dan de constructie per hoofd van de bevolking in de wereld ($572,1), en was in 4,4 keer lager dan de constructie per hoofd van de bevolking in Europa ($572,1).

De groei van de constructie in Noord-Macedonië bedroeg 5.8% in de jaren 2010, stond op de 62e plaats in de wereld, en was vergelijkbaar met Afrika (5,8%), Oost-Azië (5,9%), Angola (5,9%). De groei van de constructie in Noord-Macedonië (5,8%) was groter dan de groei van de constructie in de wereld (2,9%), was groter dan de groei van de constructie in Europa (0,50%).

Vergelijking met buren. De constructie van Noord-Macedonië was 8,2 keer minder dan in Griekenland (US$5,5 miljard), 3,6 keer minder dan in Bulgarije (US$2,5 miljard), 2,7 keer minder dan in Servië (US$1,8 miljard) en 48,0% minder dan in Albanië (US$1,3 miljard). De sector van de constructie per hoofd in Noord-Macedonië was 28,4% groter dan in Servië (US$252,5); maar 37,0% minder dan in Griekenland (US$514,6), 27,4% minder dan in Albanië (US$446,6) en 4,6% minder dan in Bulgarije (US$339,6). De groei van de constructie in Noord-Macedonië was groter dan in Albanië (-2,3%), in Bulgarije (-2,6%) en in Griekenland (-9,8%); maar minder dan in Servië (5,9%).

Vergelijking met leiders. De waarde van de constructie in Noord-Macedonië was 1.085,5 keer minder dan in China (US$731,1 miljard), 1.010,8 keer minder dan in de Verenigde Staten (US$680,8 miljard), 413,7 keer minder dan in Japan (US$278,7 miljard), 249,6 keer minder dan in India (US$168,1 miljard) en 227,5 keer minder dan in Duitsland (US$153,2 miljard). De constructie per hoofd in Noord-Macedonië was 2,5 keer groter dan in India (US$129,1); maar 6,7 keer minder dan in Japan (US$2,2 duizend), 6,6 keer minder dan in de Verenigde Staten (US$2,1 duizend), 5,8 keer minder dan in Duitsland (US$1.871,9) en 37,8% minder dan in China (US$521,3). De groei van de constructie in Noord-Macedonië was groter dan in India (5,2%), in Duitsland (1,8%), in Japan (1,7%) en in de Verenigde Staten (1,4%); maar minder dan in China (8,2%).

Hoofdstuk VII. Vervoer

Transport, opslag en communicatie (ISIC I)

De waarde van het transport in Noord-Macedonië steeg van US$212,9 miljoen per jaar in de jaren 1990 tot US$770,6 miljoen per jaar in de jaren 2010, dat wil zeggen met US$557,7 miljoen of 3,6 keer. De verandering vond plaats op US$153,2 miljoen als gevolg van een 1,2-voudige stijging van de prijzen, en ook op US$395,6 miljoen als gevolg van een 2,8-voudige toename van de productiviteit , evenals op US$8,8 miljoen als gevolg van de toename van de bevolking. De gemiddelde jaarlijkse groei van het transport is 3,7%. De minimumwaarde van het transport bedroeg US$154,7 miljoen in 1991. De maximumwaarde van het transport bedroeg US$940,4 miljoen in 2019.

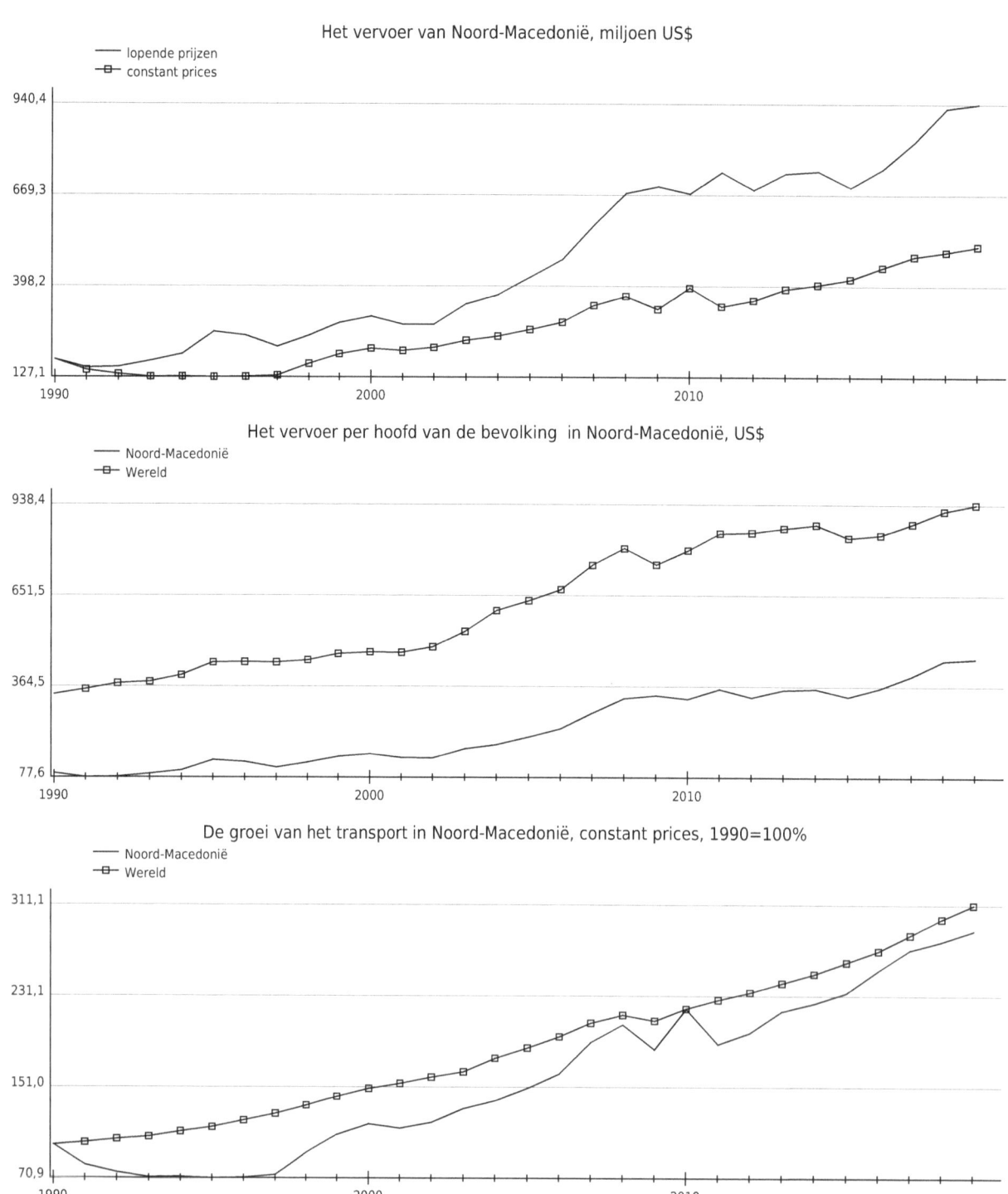

Het vervoer van Noord-Macedonië, miljoen US$

Het vervoer per hoofd van de bevolking in Noord-Macedonië, US$

De groei van het transport in Noord-Macedonië, constant prices, 1990=100%

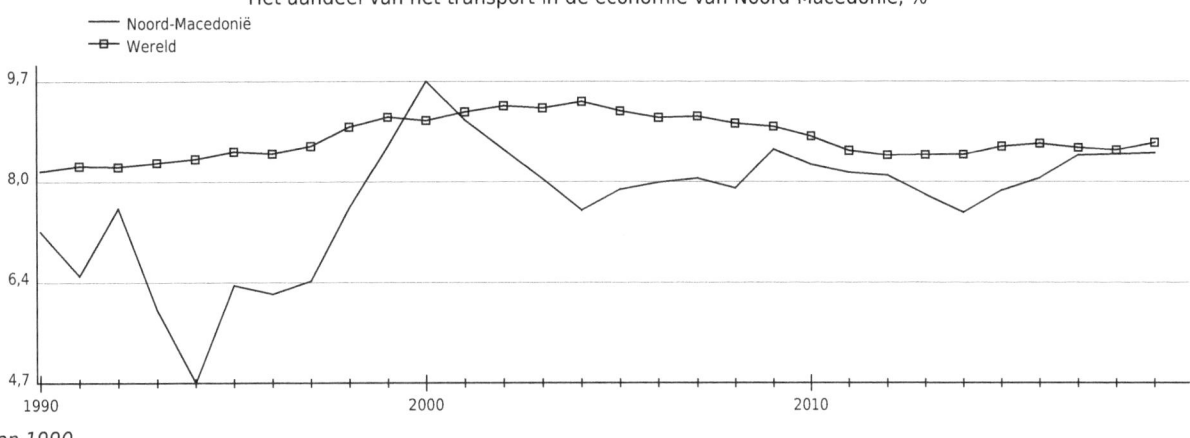

Het aandeel van het transport in de economie van Noord-Macedonië, %

de jaren 1990

De sector van het transport in Noord-Macedonië bedroeg in de jaren 1990 US$212,9 miljoen per jaar, stond op de 127e plaats in de wereld, en was vergelijkbaar met Namibië (US$208,7 miljoen). Het aandeel in de wereld was 0,0091%, en 0,027% in Europa.

Het aandeel van het transport in de economie van Noord-Macedonië was 6,6% in de jaren 1990, stond op de 144e plaats in de wereld, en was vergelijkbaar met Paraguay (6,6%), India (6,6%), de Kaaimaneilanden (6,6%).

De sector van het transport per hoofd in Noord-Macedonië was $106,7 in de jaren 1990s, stond op de 125e plaats in de wereld, en was vergelijkbaar met El Salvador (US$106,8), Noord-Afrika (US$105,8), Botswana (US$105,1). De waarde van het transport per hoofd in Noord-Macedonië was in 3,8 keer lager dan het transport per hoofd van de bevolking in de wereld ($409,5), en was in 10,1 keer lager dan het transport per hoofd van de bevolking in Europa ($409,5).

De groei van het transport in Noord-Macedonië bedroeg 1% in de jaren 1990, stond op de 170e plaats in de wereld. De groei van het transport in Noord-Macedonië (0,96%) was minder dan de groei van het transport in de wereld (4,0%), was minder dan de groei van het transport in Europa (2,4%).

Vergelijking met buren. Het transport van Noord-Macedonië was groter dan in Albanië (US$76,6 miljoen); maar minder dan in Griekenland (US$10,4 miljard), in Servië (US$1,3 miljard) en in Bulgarije (US$1,2 miljard). De waarde van het transport per hoofd in Noord-Macedonië was groter dan in Albanië (US$24,2); maar minder dan in Griekenland (US$979,8), in Bulgarije (US$136,4) en in Servië (US$133,9). De groei van het transport in Noord-Macedonië was groter dan in Servië (-9,3%); maar minder dan in Griekenland (5,1%), in Bulgarije (2,4%) en in Albanië (2,3%).

Vergelijking met leiders. De sector van het transport in Noord-Macedonië was minder dan in de Verenigde Staten (US$702,6 miljard), in Japan (US$373,9 miljard), in Duitsland (US$144,3 miljard), in Frankrijk (US$118,7 miljard) en in het Verenigd Koninkrijk (US$117,6 miljard). Het transport per hoofd in Noord-Macedonië was minder dan in Japan (US$3,0 duizend), in de Verenigde Staten (US$2,7 duizend), in het Verenigd Koninkrijk (US$2,0 duizend), in Frankrijk (US$1.999,2) en in Duitsland (US$1.789,0). De groei van het transport in Noord-Macedonië was minder dan in de Verenigde Staten (5,0%), in Frankrijk (4,8%), in het Verenigd Koninkrijk (4,7%), in Duitsland (3,9%) en in Japan (3,0%).

de jaren 2000

De toegevoegde waarde van het transport in Noord-Macedonië bedroeg in de jaren 2000 US$444,2 miljoen per jaar, stond op de 128e plaats in de wereld. Het aandeel in de wereld was 0,011%, en 0,033% in Europa.

Het aandeel van het transport in de economie van Noord-Macedonië was 8,2% in de jaren 2000, stond op de 129e plaats in de wereld, en was vergelijkbaar met Ghana (8,3%), Zwitserland (8,3%).

De sector van het transport per hoofd in Noord-Macedonië was $216,0 in de jaren 2000s, stond op de 120e plaats in de wereld, en was vergelijkbaar met El Salvador (US$213,7), de Marshalleilanden (US$218,9), Peru (US$221,1). De sector van het transport per hoofd in Noord-Macedonië was in 2,9 keer lager dan het transport per hoofd van de bevolking in de wereld ($621,1), en was in 8,6 keer lager dan het transport per hoofd van de bevolking in Europa ($621,1).

De groei van het transport in Noord-Macedonië bedroeg 5.4% in de jaren 2000, stond op de 101e plaats in de wereld, en was vergelijkbaar met de Maldiven (5,4%). De groei van het transport in Noord-Macedonië (5,4%) was groter dan de groei van het transport in de wereld (3,9%), was groter dan de groei van het transport in Europa (3,1%).

Vergelijking met buren. De toegevoegde waarde van het transport in Noord-Macedonië was minder dan in Griekenland (US$23,7 miljard), in Bulgarije (US$3,2 miljard), in Servië (US$1,7 miljard) en in Albanië (US$591,8 miljoen). De toegevoegde waarde van het transport per hoofd in Noord-Macedonië was groter dan in Albanië (US$192,4); maar minder dan in Griekenland (US$2,1 duizend), in Bulgarije (US$418,8) en in Servië (US$230,0). De groei van het transport in Noord-Macedonië was minder dan in Albanië (14,1%), in Servië (9,6%), in Bulgarije (7,4%) en in Griekenland (6,4%).

Vergelijking met leiders. De toegevoegde waarde van het transport in Noord-Macedonië was minder dan in de Verenigde Staten (US$1,2 biljoen), in Japan (US$468,5 miljard), in Duitsland (US$228,2 miljard), in het Verenigd Koninkrijk (US$215,9 miljard) en in Frankrijk (US$185,6 miljard). De sector van het transport per hoofd in Noord-Macedonië was minder dan in de Verenigde Staten (US$4,0 duizend), in Japan (US$3,7 duizend), in het Verenigd Koninkrijk (US$3,6 duizend), in Frankrijk (US$3,0 duizend) en in Duitsland (US$2,8 duizend). De groei van het transport in Noord-Macedonië was groter dan in Duitsland (3,4%), in het Verenigd Koninkrijk (3,1%), in de Verenigde Staten (3,1%), in Frankrijk (2,7%) en in Japan (1,5%).

de jaren 2010

De waarde van het transport in Noord-Macedonië bedroeg in de jaren 2010 US$770,6 miljoen per jaar, stond op de 137e plaats in de wereld, en was vergelijkbaar met Polynesië (US$758,0 miljoen). Het aandeel in de wereld was 0,012%, en 0,043% in Europa.

Het aandeel van het transport in de economie van Noord-Macedonië was 8,1% in de jaren 2010, stond op de 129e plaats in de wereld, en was vergelijkbaar met Zuid-Korea (8,1%), Irak (8,2%).

De sector van het transport per hoofd in Noord-Macedonië was $370,8 in de jaren 2010s, stond op de 121e plaats in de wereld, en was vergelijkbaar met Jamaica (US$365,1). Het vervoer per hoofd in Noord-Macedonië was in 2,3 keer lager dan het transport per hoofd van de bevolking in de wereld ($864,8), en was in 6,5 keer lager dan het transport per hoofd van de bevolking in Europa ($864,8).

De groei van het transport in Noord-Macedonië bedroeg 4.6% in de jaren 2010, stond op de 95e plaats in de wereld, en was vergelijkbaar met Fiji (4,6%). De groei van het transport in Noord-Macedonië (4,6%) was groter dan de groei van het transport in de wereld (4,0%), was groter dan de groei van het transport in Europa (2,6%).

Vergelijking met buren. De toegevoegde waarde van het transport in Noord-Macedonië was 26,2 keer minder dan in Griekenland (US$20,2 miljard), 7,6 keer minder dan in Bulgarije (US$5,8 miljard), 4,8 keer minder dan in Servië (US$3,7 miljard) en 8,5% minder dan in Albanië (US$842,2 miljoen). De waarde van het transport per hoofd in Noord-Macedonië was 27,8% groter dan in Albanië (US$290,3); maar 5,1 keer minder dan in Griekenland (US$1.888,1), 2,2 keer minder dan in Bulgarije (US$806,4) en 28,9% minder dan in Servië (US$521,6). De groei van het transport in Noord-Macedonië was groter dan in Servië (4,5%), in Bulgarije (2,7%), in Albanië (0,35%) en in Griekenland (-2,8%).

Vergelijking met leiders. De toegevoegde waarde van het transport in Noord-Macedonië was 2.320,9 keer minder dan in de Verenigde Staten (US$1,8 biljoen), 687,6 keer minder dan in Japan (US$529,8 miljard), 602,5 keer minder dan in China (US$464,2 miljard), 389,3 keer minder dan in Duitsland (US$300,0 miljard) en 334,5 keer minder dan in het Verenigd Koninkrijk (US$257,7 miljard). Het transport per hoofd in Noord-Macedonië was 12,0% groter dan in China (US$331,0); maar 15,1 keer minder dan in de Verenigde Staten (US$5,6 duizend), 11,2 keer minder dan in Japan (US$4,1 duizend), 10,6 keer minder dan in het Verenigd Koninkrijk (US$3,9 duizend) en 9,9 keer minder dan in Duitsland (US$3,7 duizend). De groei van het transport in Noord-Macedonië was groter dan in het Verenigd Koninkrijk (2,8%), in Duitsland (2,7%) en in Japan (0,81%); maar minder dan in China (7,5%) en in de Verenigde Staten (5,1%).

Hoofdstuk VIII. Handel

Groothandel, detailhandel, restaurants en hotels (ISIC G-H)

De sector van de handel in Noord-Macedonië steeg van US$320,4 miljoen per jaar in de jaren 1990 tot US$1,6 miljard per jaar in de jaren 2010, dat wil zeggen met US$1,3 miljard of 5,0 keer. De verandering vond plaats op US$539,2 miljoen als gevolg van een 1,5-voudige stijging van de prijzen, en ook op US$728,4 miljoen als gevolg van een 3,2-voudige toename van de productiviteit , evenals op US$13,3 miljoen als gevolg van de toename van de bevolking. De gemiddelde jaarlijkse groei van de handel is 9,5%. De minimumwaarde van de handel bedroeg US$71,1 miljoen in 1992. De maximumwaarde van de handel bedroeg US$2,0 miljard in 2019.

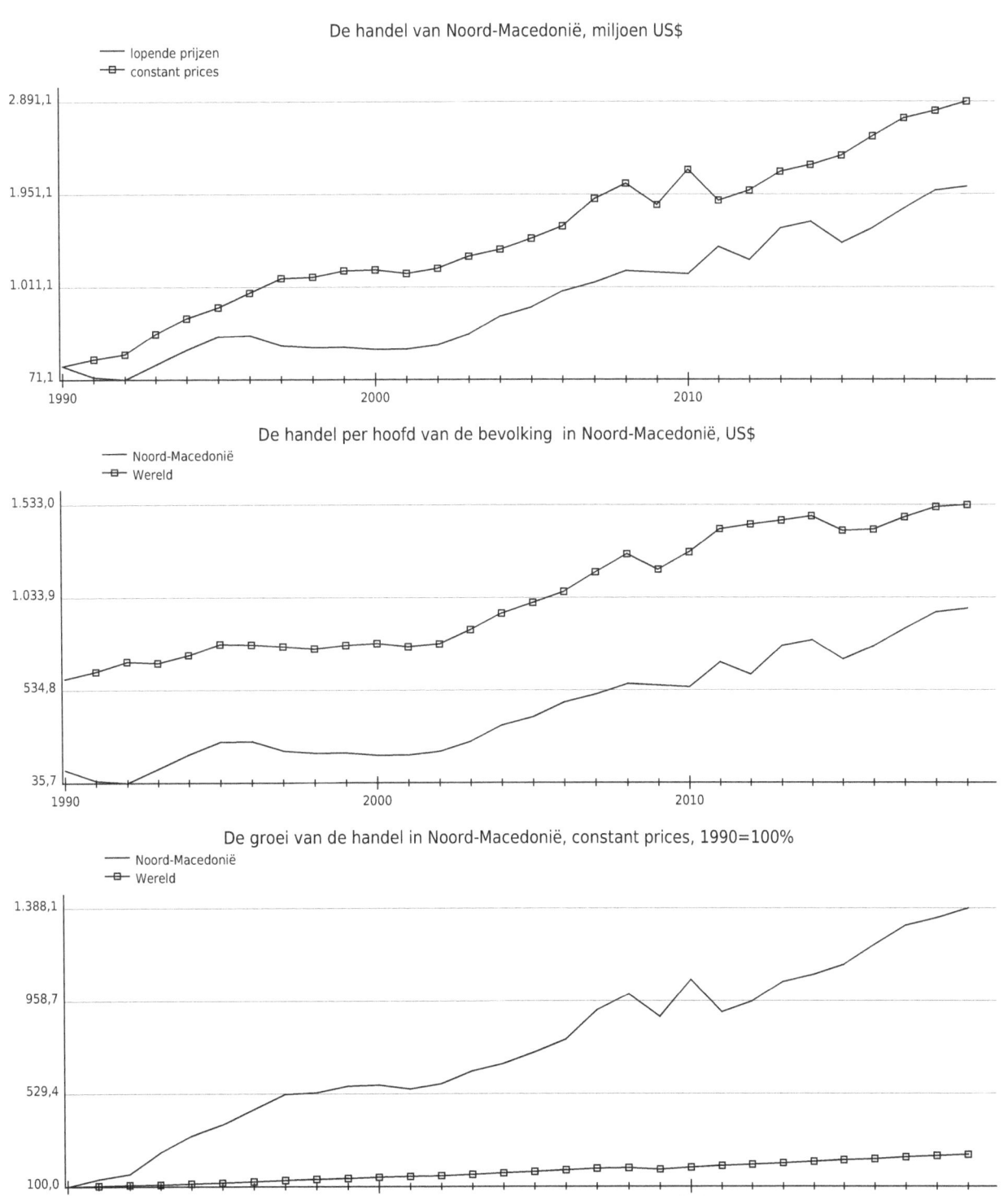

De handel van Noord-Macedonië, miljoen US$

De handel per hoofd van de bevolking in Noord-Macedonië, US$

De groei van de handel in Noord-Macedonië, constant prices, 1990=100%

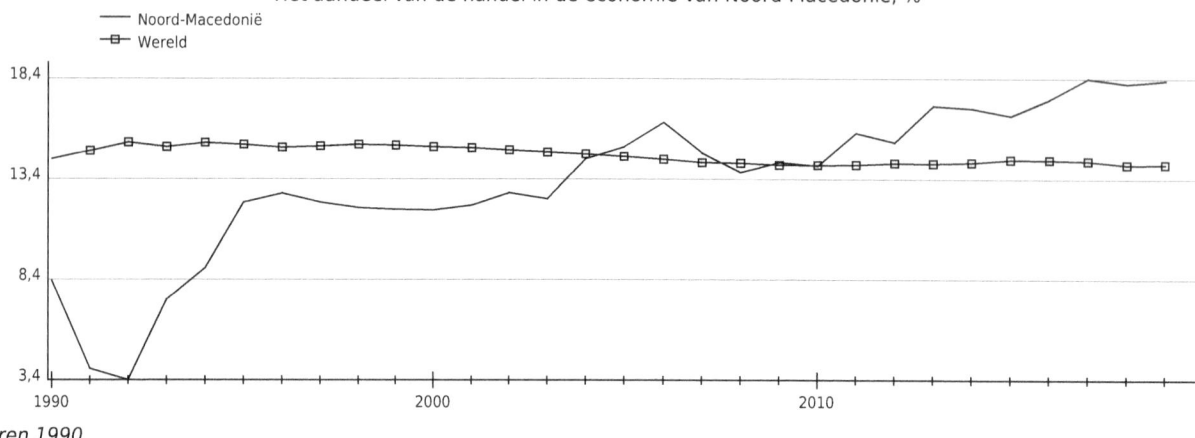

Het aandeel van de handel in de economie van Noord-Macedonië, %

de jaren 1990

De waarde van de handel in Noord-Macedonië bedroeg in de jaren 1990 US$320,4 miljoen per jaar, stond op de 144e plaats in de wereld, en was vergelijkbaar met Albanië (US$319,3 miljoen), Namibië (US$314,9 miljoen). Het aandeel in de wereld was 0,0078%, en 0,025% in Europa.

Het aandeel van de handel in de economie van Noord-Macedonië was 9,9% in de jaren 1990, stond op de 171e plaats in de wereld, en was vergelijkbaar met Angola (9,9%), China (10,0%).

De sector van de handel per hoofd in Noord-Macedonië was $160,6 in de jaren 1990s, stond op de 133e plaats in de wereld, en was vergelijkbaar met Palestina (US$157,6). De waarde van de handel per hoofd in Noord-Macedonië was in 4,5 keer lager dan de handel per hoofd van de bevolking in de wereld ($721,8), en was in 11,2 keer lager dan de handel per hoofd van de bevolking in Europa ($721,8).

De groei van de handel in Noord-Macedonië bedroeg 21.2% in de jaren 1990, stond op de 1e plaats in de wereld. De groei van de handel in Noord-Macedonië (21,2%) was groter dan de groei van de handel in de wereld (3,5%), was groter dan de groei van de handel in Europa (2,0%).

Vergelijking met buren. De waarde van de handel in Noord-Macedonië was groter dan in Albanië (US$319,3 miljoen); maar minder dan in Griekenland (US$24,6 miljard), in Servië (US$2,1 miljard) en in Bulgarije (US$1,2 miljard). De toegevoegde waarde van de handel per hoofd in Noord-Macedonië was groter dan in Bulgarije (US$142,0) en in Albanië (US$100,7); maar minder dan in Griekenland (US$2,3 duizend) en in Servië (US$215,8). De groei van de handel in Noord-Macedonië was groter dan in Griekenland (1,3%), in Albanië (0,66%), in Bulgarije (-1,3%) en in Servië (-7,2%).

Vergelijking met leiders. De handel van Noord-Macedonië was minder dan in de Verenigde Staten (US$1,2 biljoen), in Japan (US$713,2 miljard), in Duitsland (US$243,7 miljard), in Italië (US$185,6 miljard) en in Frankrijk (US$177,0 miljard). De toegevoegde waarde van de handel per hoofd in Noord-Macedonië was minder dan in Japan (US$5,7 duizend), in de Verenigde Staten (US$4,4 duizend), in Italië (US$3,3 duizend), in Duitsland (US$3,0 duizend) en in Frankrijk (US$3,0 duizend). De groei van de handel in Noord-Macedonië was groter dan in de Verenigde Staten (4,3%), in Japan (3,8%), in Duitsland (2,5%), in Frankrijk (2,4%) en in Italië (1,9%).

de jaren 2000

De waarde van de handel in Noord-Macedonië bedroeg in de jaren 2000 US$759,4 miljoen per jaar, stond op de 133e plaats in de wereld, en was vergelijkbaar met Burkina Faso (US$763,1 miljoen), Niger (US$753,5 miljoen), Frans-Polynesië (US$751,0 miljoen). Het aandeel in de wereld was 0,012%, en 0,037% in Europa.

Het aandeel van de handel in de economie van Noord-Macedonië was 14,1% in de jaren 2000, stond op de 125e plaats in de wereld, en was vergelijkbaar met Benin (14,1%), Maleisië (14,1%), Paraguay (14,1%).

De sector van de handel per hoofd in Noord-Macedonië was $369,3 in de jaren 2000s, stond op de 119e plaats in de wereld, en was vergelijkbaar met Gabon (US$368,6), Kaapverdië (US$370,5). De toegevoegde waarde van de handel per hoofd in Noord-Macedonië was in 2,7 keer lager dan de handel per hoofd van de bevolking in de wereld ($990,3), en was in 7,5 keer lager dan de handel per hoofd van de bevolking in Europa ($990,3).

De groei van de handel in Noord-Macedonië bedroeg 4.6% in de jaren 2000, stond op de 87e plaats in de wereld. De groei van de handel in Noord-Macedonië (4,6%) was groter dan de groei van de handel in de wereld (2,7%), was groter dan de groei van de handel in Europa (2,2%).

Vergelijking met buren. De handel van Noord-Macedonië was minder dan in Griekenland (US$39,0 miljard), in Bulgarije (US$3,6 miljard), in Servië (US$2,9 miljard) en in Albanië (US$1,1 miljard). De handel per hoofd in Noord-Macedonië was groter dan in Albanië (US$351,4); maar minder dan in Griekenland (US$3,5 duizend), in Bulgarije (US$462,7) en in Servië (US$392,0). De groei van de handel in Noord-Macedonië was groter dan in Griekenland (1,6%) en in Albanië (0,63%); maar minder dan in Servië (10,3%) en in Bulgarije (5,6%).

Vergelijking met leiders. De waarde van de handel in Noord-Macedonië was minder dan in de Verenigde Staten (US$1,9 biljoen), in Japan (US$771,8 miljard), in Duitsland (US$296,0 miljard), in het Verenigd Koninkrijk (US$293,5 miljard) en in China (US$262,0 miljard). De handel per hoofd in Noord-Macedonië was groter dan in China (US$197,5); maar minder dan in de Verenigde Staten (US$6,4 duizend), in Japan (US$6,0 duizend), in het Verenigd Koninkrijk (US$4,9 duizend) en in Duitsland (US$3,6 duizend). De groei van de handel in Noord-Macedonië was groter dan in Duitsland (1,7%), in het Verenigd Koninkrijk (1,3%), in de Verenigde Staten (1,1%) en in Japan (-0,77%); maar minder dan in China (11,9%).

de jaren 2010

De sector van de handel in Noord-Macedonië bedroeg in de jaren 2010 US$1,6 miljard per jaar, stond op de 133e plaats in de wereld, en was vergelijkbaar met Mali (US$1,6 miljard), Niger (US$1,6 miljard). Het aandeel in de wereld was 0,015%, en 0,059% in Europa.

Het aandeel van de handel in de economie van Noord-Macedonië was 16,9% in de jaren 2010, stond op de 82e plaats in de wereld, en was vergelijkbaar met Zuid-Europa (16,8%), Micronesië (17,0%).

De handel per hoofd in Noord-Macedonië was $770,5 in de jaren 2010s, stond op de 114e plaats in de wereld, en was vergelijkbaar met Fiji (US$753,3). De sector van de handel per hoofd in Noord-Macedonië was 46,4% lager dan de handel per hoofd van de bevolking in de wereld ($1.436,8), en was in 4,7 keer lager dan de handel per hoofd van de bevolking in Europa ($1.436,8).

De groei van de handel in Noord-Macedonië bedroeg 4.6% in de jaren 2010, stond op de 67e plaats in de wereld, en was vergelijkbaar met Singapore (4,6%), Litouwen (4,6%). De groei van de handel in Noord-Macedonië (4,6%) was groter dan de groei van de handel in de wereld (3,3%), was groter dan de groei van de handel in Europa (2,0%).

Vergelijking met buren. De toegevoegde waarde van de handel in Noord-Macedonië was 22,8 keer minder dan in Griekenland (US$36,6 miljard), 4,9 keer minder dan in Bulgarije (US$7,9 miljard), 3,6 keer minder dan in Servië (US$5,7 miljard) en 4,1% minder dan in Albanië (US$1,7 miljard). De waarde van de handel per hoofd in Noord-Macedonië was 33,9% groter dan in Albanië (US$575,4); maar 4,4 keer minder dan in Griekenland (US$3,4 duizend), 29,7% minder dan in Bulgarije (US$1.095,7) en 4,1% minder dan in Servië (US$803,3). De groei van de handel in Noord-Macedonië was groter dan in Albanië (2,2%), in Servië (1,8%) en in Griekenland (-2,4%); maar minder dan in Bulgarije (4,8%).

Vergelijking met leiders. De handel van Noord-Macedonië was 1.633,4 keer minder dan in de Verenigde Staten (US$2,6 biljoen), 745,9 keer minder dan in China (US$1,2 biljoen), 543,0 keer minder dan in Japan (US$869,5 miljard), 232,7 keer minder dan in Duitsland (US$372,6 miljard) en 206,1 keer minder dan in het Verenigd Koninkrijk (US$330,0 miljard). De handel per hoofd in Noord-Macedonië was 10,6 keer minder dan in de Verenigde Staten (US$8,2 duizend), 8,8 keer minder dan in Japan (US$6,8 duizend), 6,5 keer minder dan in het Verenigd Koninkrijk (US$5,0 duizend), 5,9 keer minder dan in Duitsland (US$4,6 duizend) en 9,5% minder dan in China (US$851,7). De groei van de handel in Noord-Macedonië was groter dan in het Verenigd Koninkrijk (2,8%), in de Verenigde Staten (2,3%), in Duitsland (2,0%) en in Japan (0,77%); maar minder dan in China (8,9%).

Hoofdstuk IX. Diensten

(ISIC J-P)

De diensten van Noord-Macedonië zijn gestegen van US$1,5 miljard per jaar in de jaren 1990 tot US$3,6 miljard per jaar in de jaren 2010, dat wil zeggen met US$2,1 miljard of 2,4 keer. De verandering vond plaats op US$1,7 miljard als gevolg van een 1,9-voudige stijging van de prijzen, en ook op US$331,8 miljoen als gevolg van een 1,2-voudige toename van de productiviteit , evenals op US$62,3 miljoen als gevolg van de toename van de bevolking. De gemiddelde jaarlijkse groei van de diensten is 1,6%. De minimumwaarde van de diensten bedroeg US$884,4 miljoen in 1992. De maximumwaarde van de diensten bedroeg US$4,0 miljard in 2019.

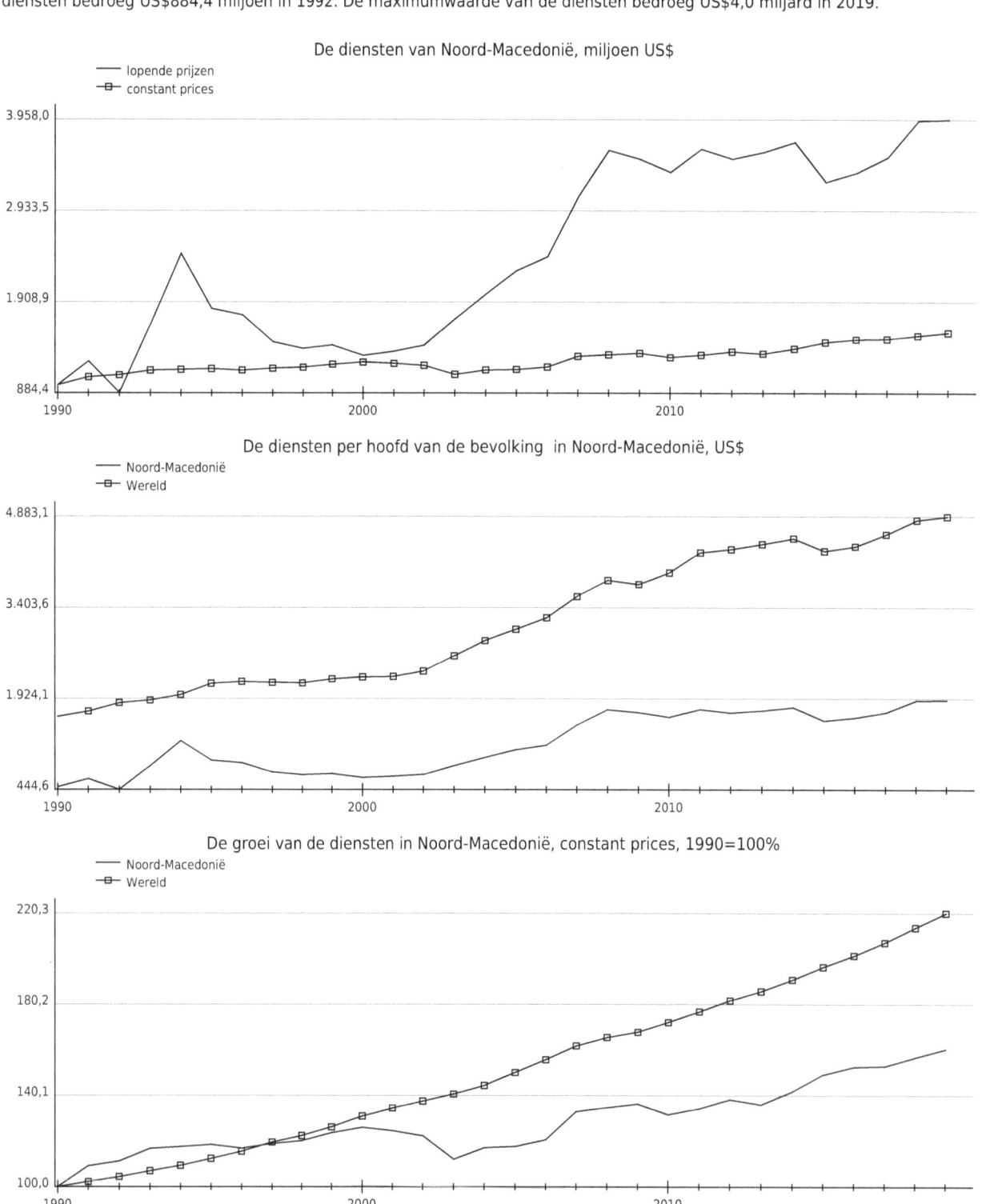

De diensten van Noord-Macedonië, miljoen US$

De diensten per hoofd van de bevolking in Noord-Macedonië, US$

De groei van de diensten in Noord-Macedonië, constant prices, 1990=100%

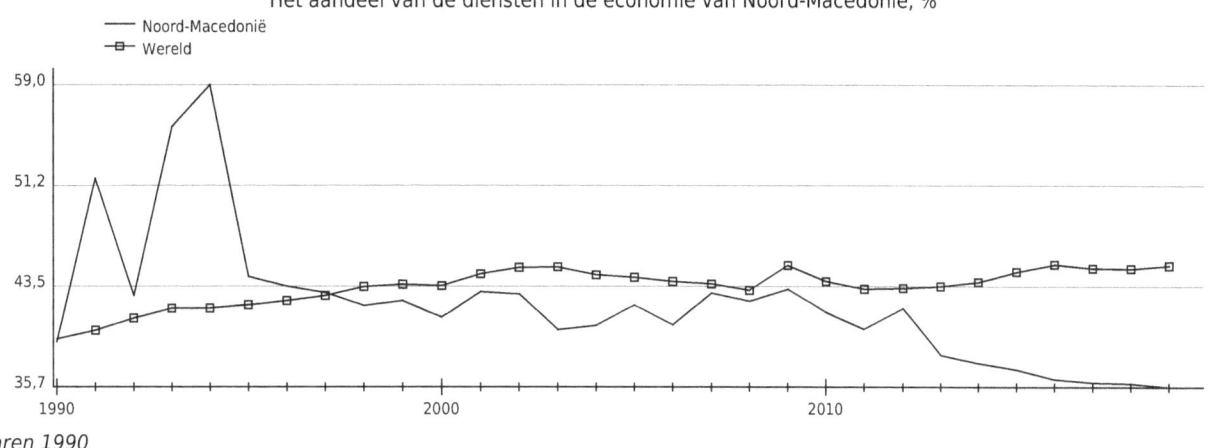

Het aandeel van de diensten in de economie van Noord-Macedonië, %

de jaren 1990

De waarde van de diensten in Noord-Macedonië bedroeg in de jaren 1990 US$1,5 miljard per jaar, stond op de 112e plaats in de wereld, en was vergelijkbaar met Brunei (US$1,5 miljard), Ethiopië (US$1,5 miljard), Letland (US$1,5 miljard). Het aandeel in de wereld was 0,013%, en 0,039% in Europa.

Het aandeel van de diensten in de economie van Noord-Macedonië was 46,6% in de jaren 1990, stond op de 24e plaats in de wereld, en was vergelijkbaar met Canada (46,6%), West-Europa (46,5%), Denemarken (46,9%).

De toegevoegde waarde van de diensten per hoofd in Noord-Macedonië was $754,8 in de jaren 1990s, stond op de 97e plaats in de wereld, en was vergelijkbaar met Servië (US$756,1), de Maldiven (US$737,8). De diensten per hoofd in Noord-Macedonië waren in 2,7 keer lager dan de diensten per hoofd van de bevolking in de wereld ($2.014,6), en waren in 7,0 keer lager dan de diensten per hoofd van de bevolking in Europa ($2.014,6).

De groei van de diensten in Noord-Macedonië bedroeg 2.4% in de jaren 1990, stond op de 125e plaats in de wereld, en was vergelijkbaar met Amerika (2,4%), Ivoorkust (2,4%). De groei van de diensten in Noord-Macedonië (2,4%) was minder dan de groei van de diensten in de wereld (2,7%), was groter dan de groei van de diensten in Europa (2,1%).

Vergelijking met buren. De waarde van de diensten in Noord-Macedonië was groter dan in Albanië (US$289,1 miljoen); maar minder dan in Griekenland (US$45,8 miljard), in Servië (US$7,2 miljard) en in Bulgarije (US$4,8 miljard). De waarde van de diensten per hoofd in Noord-Macedonië was groter dan in Bulgarije (US$564,0) en in Albanië (US$91,2); maar minder dan in Griekenland (US$4,3 duizend) en in Servië (US$756,1). De groei van de diensten in Noord-Macedonië was groter dan in Griekenland (2,3%), in Albanië (-1,3%), in Bulgarije (-5,4%) en in Servië (-7,4%).

Vergelijking met leiders. De waarde van de diensten in Noord-Macedonië was minder dan in de Verenigde Staten (US$3,8 biljoen), in Japan (US$1,6 biljoen), in Duitsland (US$908,0 miljard), in Frankrijk (US$628,2 miljard) en in het Verenigd Koninkrijk (US$592,3 miljard). De diensten per hoofd in Noord-Macedonië waren minder dan in de Verenigde Staten (US$14,4 duizend), in Japan (US$12,8 duizend), in Duitsland (US$11,3 duizend), in Frankrijk (US$10,6 duizend) en in het Verenigd Koninkrijk (US$10,2 duizend). De groei van de diensten in Noord-Macedonië was groter dan in de Verenigde Staten (2,3%), in Japan (1,7%) en in Frankrijk (1,6%); maar minder dan in Duitsland (3,2%) en in het Verenigd Koninkrijk (3,0%).

de jaren 2000

De diensten van Noord-Macedonië bedroegen in de jaren 2000 US$2,3 miljard per jaar, stonden op de 121e plaats in de wereld, en waren vergelijkbaar met Mauritius (US$2,2 miljard). Het aandeel in de wereld was 0,012%, en 0,035% in Europa.

Het aandeel van de diensten in de economie van Noord-Macedonië was 42,0% in de jaren 2000, stonden op de 56e plaats in de wereld, en was vergelijkbaar met Japan (42,1%), Bahrein (42,1%), Finland (41,8%).

De diensten per hoofd in Noord-Macedonië waren $1.102,8 in de jaren 2000s, stonden op de 107e plaats in de wereld, en waren vergelijkbaar met de Dominicaanse Republiek (US$1.106,0), Micronesië (US$1.093,7). De toegevoegde waarde van de diensten per hoofd in Noord-Macedonië was in 2,7 keer lager dan de diensten per hoofd van de bevolking in de wereld ($3.011,2), en was in 8,0 keer lager dan de diensten per hoofd van de bevolking in Europa ($3.011,2).

De groei van de diensten in Noord-Macedonië bedroeg 1% in de jaren 2000, stond op de 193e plaats in de wereld. De groei van de diensten in Noord-Macedonië (0,99%) was minder dan de groei van de diensten in de wereld (2,9%), was minder dan de groei van de diensten in Europa (2,0%).

Vergelijking met buren. De waarde van de diensten in Noord-Macedonië was groter dan in Albanië (US$1,7 miljard); maar minder dan in Griekenland (US$97,7 miljard), in Bulgarije (US$9,8 miljard) en in Servië (US$9,1 miljard). De waarde van de diensten per hoofd in Noord-Macedonië was groter dan in Albanië (US$560,2); maar minder dan in Griekenland (US$8,8 duizend), in Bulgarije (US$1.263,3) en in Servië (US$1.224,1). De groei van de diensten in Noord-Macedonië was minder dan in Servië (4,6%), in Bulgarije (4,5%), in Albanië (4,2%) en in Griekenland (3,1%).

Vergelijking met leiders. De waarde van de diensten in Noord-Macedonië was minder dan in de Verenigde Staten (US$6,7 biljoen), in Japan (US$2,0 biljoen), in Duitsland (US$1,2 biljoen), in het Verenigd Koninkrijk (US$1,1 biljoen) en in Frankrijk (US$997,0 miljard). De diensten per hoofd in Noord-Macedonië waren minder dan in de Verenigde Staten (US$22,9 duizend), in het Verenigd Koninkrijk (US$18,0 duizend), in Frankrijk (US$15,9 duizend), in Japan (US$15,3 duizend) en in Duitsland (US$15,0 duizend). De groei van de diensten in Noord-Macedonië was groter dan in Duitsland (0,57%); maar minder dan in het Verenigd Koninkrijk (2,7%), in de Verenigde Staten (2,0%), in Frankrijk (1,5%) en in Japan (1,2%).

de jaren 2010

De waarde van de diensten in Noord-Macedonië bedroeg in de jaren 2010 US$3,6 miljard per jaar, stond op de 131e plaats in de wereld, en was vergelijkbaar met Burkina Faso (US$3,6 miljard), Monaco (US$3,5 miljard). Het aandeel in de wereld was 0,011%, en 0,039% in Europa.

Het aandeel van de diensten in de economie van Noord-Macedonië was 37,9% in de jaren 2010, stond op de 92e plaats in de wereld, en was vergelijkbaar met Afghanistan (37,9%), Fiji (37,9%), Botswana (37,8%).

De sector van de diensten per hoofd in Noord-Macedonië was $1.726,0 in de jaren 2010s, stond op de 110e plaats in de wereld, en was vergelijkbaar met Jordanië (US$1.734,8), Tuvalu (US$1.711,4). De diensten per hoofd in Noord-Macedonië waren in 2,6 keer lager dan de diensten per hoofd van de bevolking in de wereld ($4.467,8), en waren in 7,1 keer lager dan de diensten per hoofd van de bevolking in Europa ($4.467,8).

De groei van de diensten in Noord-Macedonië bedroeg 1.6% in de jaren 2010, stond op de 151e plaats in de wereld, en was vergelijkbaar met Grenada (1,6%), Estland (1,6%). De groei van de diensten in Noord-Macedonië (1,6%) was minder dan de groei van de diensten in de wereld (2,7%), was groter dan de groei van de diensten in Europa (1,3%).

Vergelijking met buren. De toegevoegde waarde van de diensten in Noord-Macedonië was 2,9% groter dan in Albanië (US$3,5 miljard); maar 29,1 keer minder dan in Griekenland (US$104,4 miljard), 5,6 keer minder dan in Bulgarije (US$20,0 miljard) en 3,9 keer minder dan in Servië (US$13,8 miljard). De sector van de diensten per hoofd in Noord-Macedonië was 43,7% groter dan in Albanië (US$1.200,8); maar 5,7 keer minder dan in Griekenland (US$9,8 duizend), 37,8% minder dan in Bulgarije (US$2,8 duizend) en 11,0% minder dan in Servië (US$1.938,6). De groei van de diensten in Noord-Macedonië was groter dan in Servië (1,4%), in Bulgarije (0,78%) en in Griekenland (-1,4%); maar minder dan in Albanië (4,7%).

Vergelijking met leiders. De waarde van de diensten in Noord-Macedonië was 2.775,6 keer minder dan in de Verenigde Staten (US$10,0 biljoen), 988,9 keer minder dan in China (US$3,5 biljoen), 633,9 keer minder dan in Japan (US$2,3 biljoen), 448,2 keer minder dan in Duitsland (US$1,6 biljoen) en 377,9 keer minder dan in het Verenigd Koninkrijk (US$1,4 biljoen). De sector van de diensten per hoofd in Noord-Macedonië was 18,1 keer minder dan in de Verenigde Staten (US$31,2 duizend), 12,0 keer minder dan in het Verenigd Koninkrijk (US$20,7 duizend), 11,4 keer minder dan in Duitsland (US$19,6 duizend), 10,3 keer minder dan in Japan (US$17,8 duizend) en 31,8% minder dan in China (US$2,5 duizend). De groei van de diensten in Noord-Macedonië was groter dan in Duitsland (1,2%) en in Japan (0,99%); maar minder dan in China (8,4%), in de Verenigde Staten (1,8%) en in het Verenigd Koninkrijk (1,7%).

Part III. Externe betrekkingen

Netto-uitvoer in BBP, %

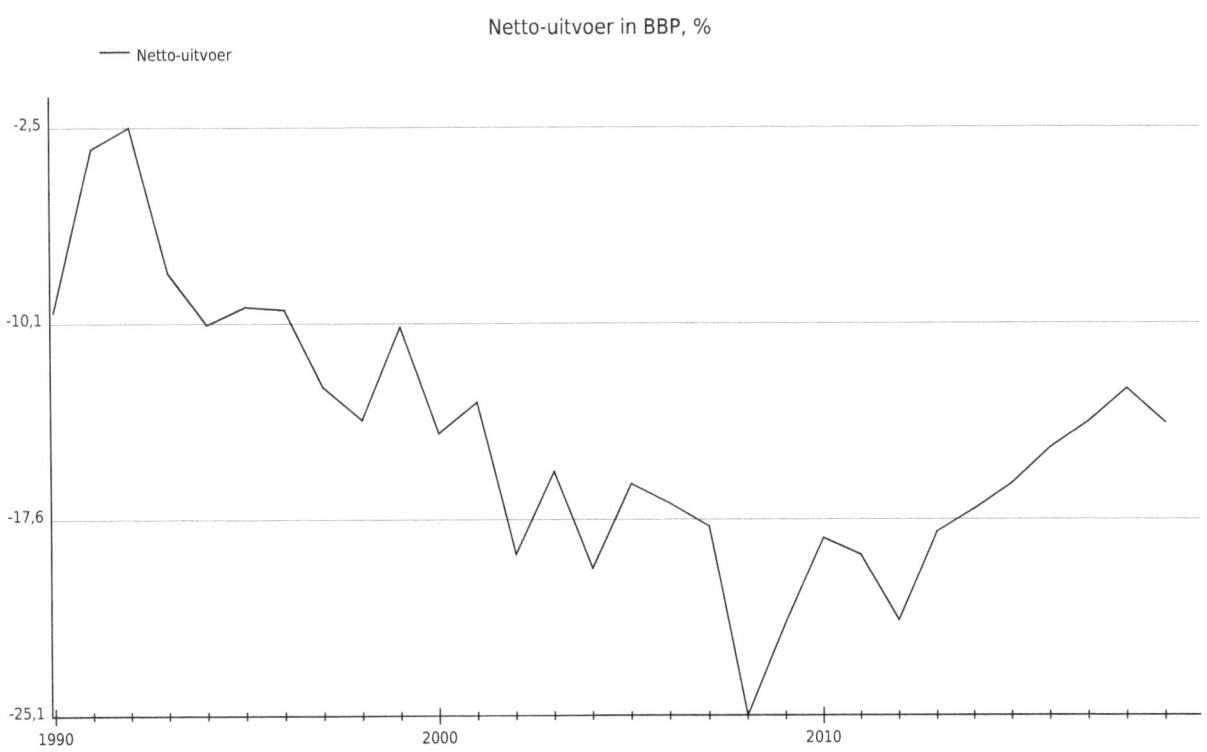

Hoofdstuk X. Uitvoer

Uitvoer van goederen en diensten

De uitvoer van Noord-Macedonië steeg van US$869,5 miljoen per jaar in de jaren 1990 tot US$5,5 miljard per jaar in de jaren 2010, dat wil zeggen met US$4,7 miljard of 6,4 keer. De verandering vond plaats op US$2,5 miljard als gevolg van een 1,8-voudige stijging van de prijzen, en ook op US$2,1 miljard als gevolg van een 3,3-voudige toename van het tarief per hoofd , evenals op US$36,0 miljoen als gevolg van de toename van de bevolking. De gemiddelde jaarlijkse groei van de export is 5,7%. De minimumwaarde van de export bedroeg US$411,2 miljoen in 1991. De maximumwaarde van de export bedroeg US$7,8 miljard in 2019.

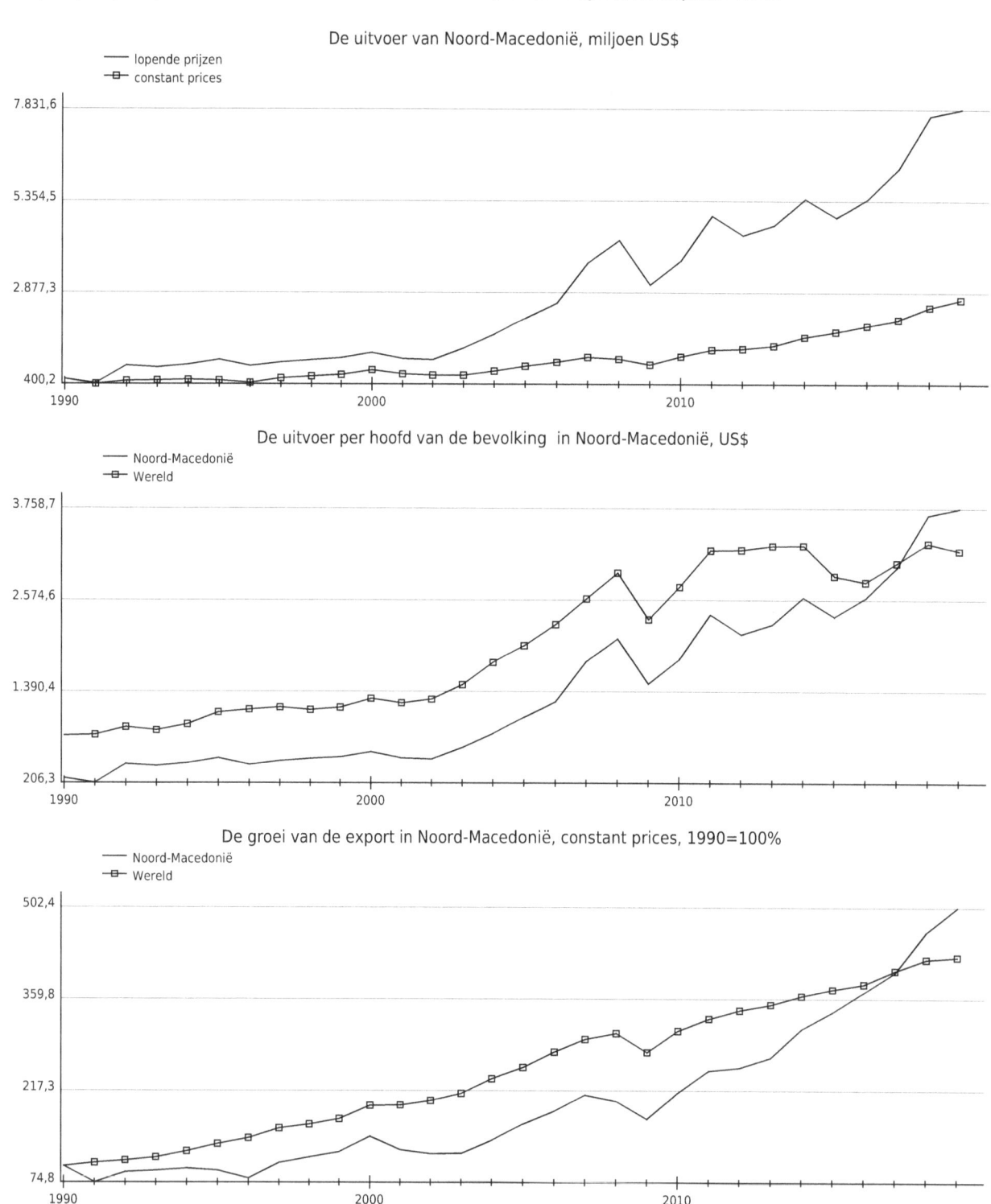

De uitvoer van Noord-Macedonië, miljoen US$

De uitvoer per hoofd van de bevolking in Noord-Macedonië, US$

De groei van de export in Noord-Macedonië, constant prices, 1990=100%

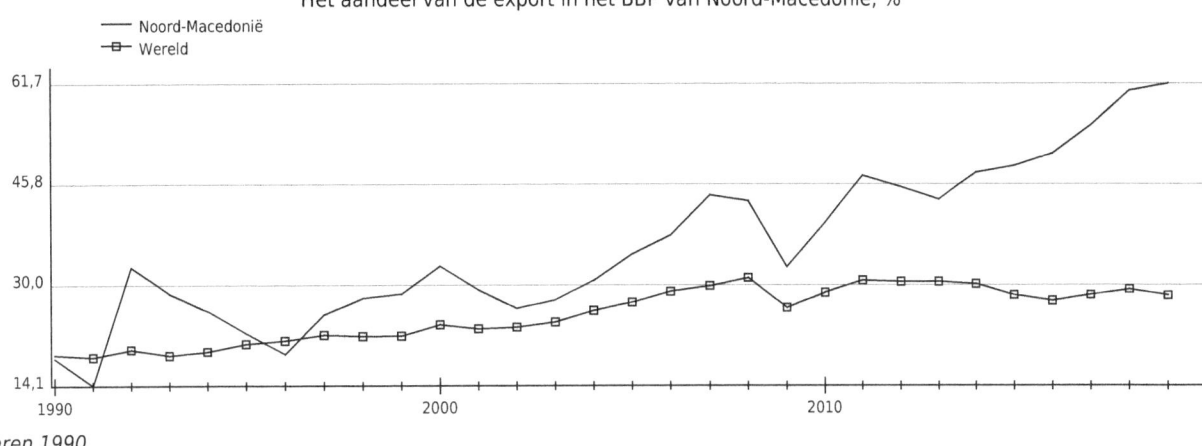

Het aandeel van de export in het BBP van Noord-Macedonië, %

de jaren 1990

De uitvoer van Noord-Macedonië bedroeg in de jaren 1990 US$869,5 miljoen per jaar, stond op de 134e plaats in de wereld, en was vergelijkbaar met Moldavië (US$873,0 miljoen). Het aandeel in de wereld was 0,015%, en 0,031% in Europa.

Het aandeel van de export in het BBP van Noord-Macedonië was 24,2% in de jaren 1990, stond op de 123e plaats in de wereld, en was vergelijkbaar met Oezbekistan (24,1%), Afrika (24,3%), Mauritanië (24,0%).

De waarde van de export per hoofd in Noord-Macedonië was $435,7 in de jaren 1990s, stond op de 119e plaats in de wereld, en was vergelijkbaar met Zuid-Amerika (US$433,3), Algerije (US$441,0). De uitvoer per hoofd in Noord-Macedonië was in 2,4 keer lager dan de export per hoofd van de bevolking in de wereld ($1.029,5), en was in 8,7 keer lager dan de export per hoofd van de bevolking in Europa ($1.029,5).

De groei van de export in Noord-Macedonië bedroeg 2.2% in de jaren 1990, stond op de 148e plaats in de wereld, en was vergelijkbaar met Ethiopië (2,2%). De groei van de export in Noord-Macedonië (2,2%) was minder dan de groei van de export in de wereld (6,9%), was minder dan de groei van de export in Europa (6,5%).

Vergelijking met buren. De waarde van de export in Noord-Macedonië was groter dan in Albanië (US$293,0 miljoen); maar minder dan in Griekenland (US$19,5 miljard), in Bulgarije (US$5,4 miljard) en in Servië (US$2,5 miljard). De uitvoer per hoofd in Noord-Macedonië was groter dan in Servië (US$258,6) en in Albanië (US$92,4); maar minder dan in Griekenland (US$1.827,8) en in Bulgarije (US$636,1). De groei van de export in Noord-Macedonië was groter dan in Servië (-3,4%) en in Bulgarije (-14,8%); maar minder dan in Griekenland (7,1%) en in Albanië (2,3%).

Vergelijking met leiders. De uitvoer van Noord-Macedonië was minder dan in de Verenigde Staten (US$773,6 miljard), in Duitsland (US$509,0 miljard), in Japan (US$418,7 miljard), in Frankrijk (US$329,8 miljard) en in het Verenigd Koninkrijk (US$324,3 miljard). De uitvoer per hoofd in Noord-Macedonië was minder dan in Duitsland (US$6,3 duizend), in het Verenigd Koninkrijk (US$5,6 duizend), in Frankrijk (US$5,6 duizend), in Japan (US$3,3 duizend) en in de Verenigde Staten (US$2,9 duizend). De groei van de export in Noord-Macedonië was minder dan in de Verenigde Staten (7,2%), in Frankrijk (6,5%), in Duitsland (6,0%), in het Verenigd Koninkrijk (5,7%) en in Japan (4,2%).

de jaren 2000

De uitvoer van Noord-Macedonië bedroeg in de jaren 2000 US$2,2 miljard per jaar, stond op de 127e plaats in de wereld, en was vergelijkbaar met Senegal (US$2,3 miljard), Liechtenstein (US$2,2 miljard). Het aandeel in de wereld was 0,018%, en 0,040% in Europa.

De structuur van de export: primaire producten (10,8%), op hulpbronnen gebaseerde fabrikanten (17,9%), laagtechnologische fabrikanten (44,8%), mediumtechnologieproducenten (20,2%) en hightechfabrikanten (2,4%).

Noord-Macedonië exporteerde goederen naar Duitsland (20,9%), Griekenland (15,4%), Italië (11,0%), Bulgarije (6,4%), Kroatië (6,0%) en andere landen (40,3%).

Het aandeel van de export in het BBP van Noord-Macedonië was 35,5% in de jaren 2000, stond op de 106e plaats in de wereld, en was vergelijkbaar met Dominica (35,5%), Montserrat (35,6%), Kaapverdië (35,3%).

De uitvoer per hoofd in Noord-Macedonië was $1.085,2 in de jaren 2000s, stond op de 115e plaats in de wereld, en was vergelijkbaar met de Dominicaanse Republiek (US$1.064,7). De uitvoer per hoofd in Noord-Macedonië was 43,9% lager dan de export per hoofd van de bevolking in de wereld ($1.933,7), en was in 7,0 keer lager dan de export per hoofd van de bevolking in Europa ($1.933,7).

De groei van de export in Noord-Macedonië bedroeg 3.6% in de jaren 2000, stond op de 122e plaats in de wereld, en was vergelijkbaar met Japan (3,5%). De groei van de export in Noord-Macedonië (3,6%) was minder dan de groei van de export in de wereld (4,8%), was minder dan de groei van de export in Europa (3,8%).

Vergelijking met buren. De uitvoer van Noord-Macedonië was groter dan in Albanië (US$1,9 miljard); maar minder dan in Griekenland (US$50,8 miljard), in Bulgarije (US$13,6 miljard) en in Servië (US$7,5 miljard). De uitvoer per hoofd in Noord-Macedonië was groter dan in Servië (US$1.003,1) en in Albanië (US$605,1); maar minder dan in Griekenland (US$4,6 duizend) en in Bulgarije (US$1.759,9). De groei van de export in Noord-Macedonië was groter dan in Griekenland (3,1%); maar minder dan in Servië (14,8%), in Albanië (13,0%) en in Bulgarije (4,4%).

Vergelijking met leiders. De uitvoer van Noord-Macedonië was minder dan in de Verenigde Staten (US$1,3 biljoen), in Duitsland (US$1,0 biljoen), in China (US$780,2 miljard), in Japan (US$626,3 miljard) en in het Verenigd Koninkrijk (US$591,1 miljard). De uitvoer per hoofd in Noord-Macedonië was groter dan in China (US$588,1); maar minder dan in Duitsland (US$12,8 duizend), in het Verenigd Koninkrijk (US$9,8 duizend), in Japan (US$4,9 duizend) en in de Verenigde Staten (US$4,5 duizend). De groei van de export in Noord-Macedonië was groter dan in Japan (3,5%), in de Verenigde Staten (3,3%) en in het Verenigd Koninkrijk (2,8%); maar minder dan in China (12,7%) en in Duitsland (5,0%).

de jaren 2010

De waarde van de export in Noord-Macedonië bedroeg in de jaren 2010 US$5,5 miljard per jaar, stond op de 121e plaats in de wereld. Het aandeel in de wereld was 0,024%, en 0,062% in Europa.

Noord-Macedonië exporteerde goederen naar Duitsland (37,8%), Servië (12,8%), Bulgarije (6,6%), Italië (5,4%), Griekenland (4,5%) en andere landen (32,8%).

Het aandeel van de export in het BBP van Noord-Macedonië was 50,6% in de jaren 2010, stond op de 61e plaats in de wereld, en was vergelijkbaar met Bermuda (50,6%), Suriname (50,7%).

De uitvoer per hoofd in Noord-Macedonië was $2.658,7 in de jaren 2010s, stond op de 103e plaats in de wereld, en was vergelijkbaar met Guyana (US$2,7 duizend), Fiji (US$2,7 duizend). De waarde van de export per hoofd in Noord-Macedonië was 14,2% lager dan de export per hoofd van de bevolking in de wereld ($3.098,9), en was in 4,5 keer lager dan de export per hoofd van de bevolking in Europa ($3.098,9).

De groei van de export in Noord-Macedonië bedroeg 11.3% in de jaren 2010, stond op de 16e plaats in de wereld, en was vergelijkbaar met Cambodja (11,2%), Georgië (11,4%). De groei van de export in Noord-Macedonië (11,3%) was groter dan de groei van de export in de wereld (4,4%), was groter dan de groei van de export in Europa (4,4%).

Vergelijking met buren. De waarde van de export in Noord-Macedonië was 44,1% groter dan in Albanië (US$3,8 miljard); maar 12,9 keer minder dan in Griekenland (US$71,3 miljard), 6,5 keer minder dan in Bulgarije (US$35,8 miljard) en 3,5 keer minder dan in Servië (US$19,6 miljard). De waarde van de export per hoofd in Noord-Macedonië was 2,0 keer groter dan in Albanië (US$1.321,7); maar 2,5 keer minder dan in Griekenland (US$6,7 duizend), 46,4% minder dan in Bulgarije (US$5,0 duizend) en 3,4% minder dan in Servië (US$2,8 duizend). De groei van de export in Noord-Macedonië was groter dan in Servië (9,1%), in Albanië (6,3%), in Bulgarije (6,2%) en in Griekenland (4,4%).

Vergelijking met leiders. De uitvoer van Noord-Macedonië was 415,1 keer minder dan in China (US$2,3 biljoen), 410,8 keer minder dan in de Verenigde Staten (US$2,3 biljoen), 304,7 keer minder dan in Duitsland (US$1,7 biljoen), 155,6 keer minder dan in Japan (US$859,4 miljard) en 147,5 keer minder dan in het Verenigd Koninkrijk (US$815,1 miljard). De waarde van de export per hoofd in Noord-Macedonië was 62,6% groter dan in China (US$1.635,3); maar 7,7 keer minder dan in Duitsland (US$20,6 duizend), 4,7 keer minder dan in het Verenigd Koninkrijk (US$12,4 duizend), 2,7 keer minder dan in de Verenigde Staten (US$7,1 duizend) en 2,5 keer minder dan in Japan (US$6,7 duizend). De groei van de export in Noord-Macedonië was groter dan in China (6,8%), in Duitsland (4,7%), in Japan (4,6%), in de Verenigde Staten (3,7%) en in het Verenigd Koninkrijk (3,1%).

Hoofdstuk XI. Invoer

Invoer van goederen en diensten

De invoer van Noord-Macedonië steeg van US$1,2 miljard per jaar in de jaren 1990 tot US$7,3 miljard per jaar in de jaren 2010, dat wil zeggen met US$6,1 miljard of 6,1 keer. De verandering vond plaats op US$2,7 miljard als gevolg van een 1,6-voudige stijging van de prijzen, en ook op US$3,4 miljard als gevolg van een 3,7-voudige toename van het tarief per hoofd , evenals op US$49,8 miljoen als gevolg van de toename van de bevolking. De gemiddelde jaarlijkse groei van de invoer is 6,0%. De minimumwaarde van de invoer bedroeg US$508,9 miljoen in 1991. De maximumwaarde van de invoer bedroeg US$9,6 miljard in 2019.

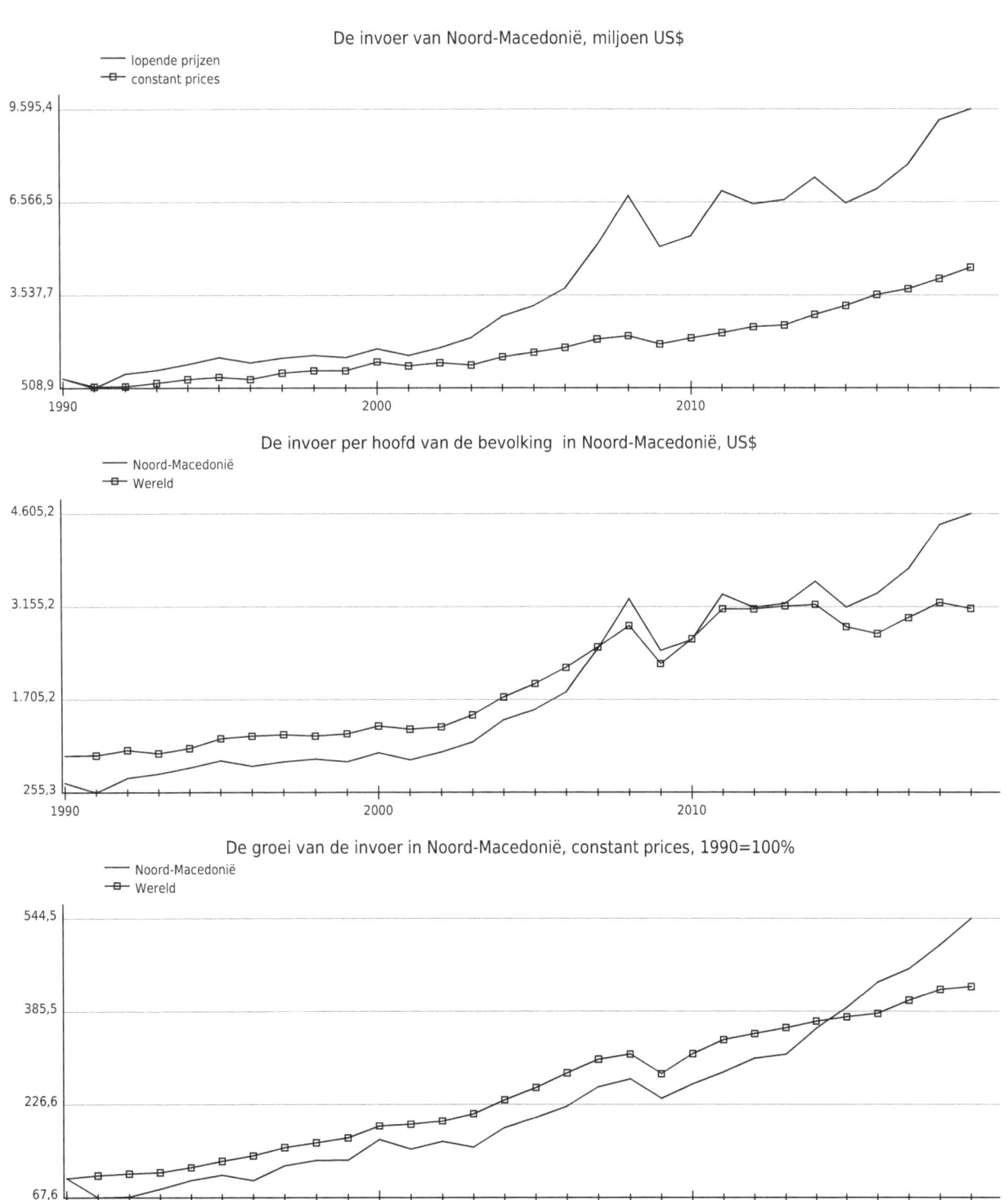

De invoer van Noord-Macedonië, miljoen US$

De invoer per hoofd van de bevolking in Noord-Macedonië, US$

De groei van de invoer in Noord-Macedonië, constant prices, 1990=100%

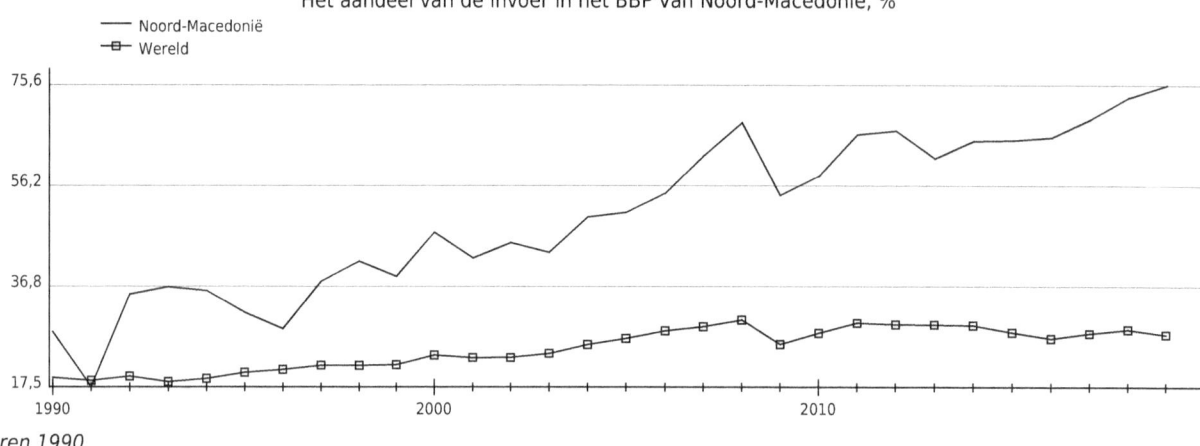

Het aandeel van de invoer in het BBP van Noord-Macedonië, %

de jaren 1990

De invoer van Noord-Macedonië bedroeg in de jaren 1990 US$1,2 miljard per jaar, stond op de 132e plaats in de wereld, en was vergelijkbaar met Aruba (US$1,2 miljard). Het aandeel in de wereld was 0,021%, en 0,045% in Europa.

Het aandeel van de invoer in het BBP van Noord-Macedonië was 33,4% in de jaren 1990, stond op de 128e plaats in de wereld, en was vergelijkbaar met IJsland (33,3%), Oekraïne (33,2%).

De invoer per hoofd in Noord-Macedonië was $602,9 in de jaren 1990s, stond op de 123e plaats in de wereld, en was vergelijkbaar met Lesotho (US$606,1), Equatoriaal-Guinea (US$611,2), Oost-Azië (US$591,9). De invoer per hoofd in Noord-Macedonië was 40,6% lager dan de invoer per hoofd van de bevolking in de wereld ($1.015,5), en was in 6,1 keer lager dan de invoer per hoofd van de bevolking in Europa ($1.015,5).

De groei van de invoer in Noord-Macedonië bedroeg 3.1% in de jaren 1990, stond op de 130e plaats in de wereld, en was vergelijkbaar met Puerto Rico (3,1%). De groei van de invoer in Noord-Macedonië (3,1%) was minder dan de groei van de invoer in de wereld (6,6%), was minder dan de groei van de invoer in Europa (5,9%).

Vergelijking met buren. De invoer van Noord-Macedonië was groter dan in Albanië (US$914,0 miljoen); maar minder dan in Griekenland (US$30,6 miljard), in Bulgarije (US$4,5 miljard) en in Servië (US$3,8 miljard). De waarde van de invoer per hoofd in Noord-Macedonië was groter dan in Bulgarije (US$534,4), in Servië (US$394,0) en in Albanië (US$288,3); maar minder dan in Griekenland (US$2,9 duizend). De groei van de invoer in Noord-Macedonië was groter dan in Servië (-10,0%) en in Bulgarije (-16,5%); maar minder dan in Albanië (16,3%) en in Griekenland (7,6%).

Vergelijking met leiders. De invoer van Noord-Macedonië was minder dan in de Verenigde Staten (US$874,1 miljard), in Duitsland (US$501,6 miljard), in Japan (US$355,9 miljard), in het Verenigd Koninkrijk (US$330,2 miljard) en in Frankrijk (US$308,5 miljard). De invoer per hoofd in Noord-Macedonië was minder dan in Duitsland (US$6,2 duizend), in het Verenigd Koninkrijk (US$5,7 duizend), in Frankrijk (US$5,2 duizend), in de Verenigde Staten (US$3,3 duizend) en in Japan (US$2,8 duizend). De groei van de invoer in Noord-Macedonië was minder dan in de Verenigde Staten (8,3%), in Duitsland (6,4%), in Frankrijk (5,1%), in het Verenigd Koninkrijk (5,1%) en in Japan (3,3%).

de jaren 2000

De invoer van Noord-Macedonië bedroeg in de jaren 2000 US$3,4 miljard per jaar, stond op de 124e plaats in de wereld, en was vergelijkbaar met Bolivia (US$3,4 miljard), Georgië (US$3,4 miljard), Palestina (US$3,5 miljard). Het aandeel in de wereld was 0,028%, en 0,064% in Europa.

De structuur van de invoer: primaire producten (18,4%), op hulpbronnen gebaseerde fabrikanten (17,6%), laagtechnologische fabrikanten (17,9%), mediumtechnologieproducenten (25,7%) en hightechfabrikanten (8,9%).

Noord-Macedonië importeerde goederen uit Griekenland (16,4%), Duitsland (13,9%), Bulgarije (8,7%), Italië (7,3%), Turkije (6,3%) en andere landen (47,5%).

Het aandeel van de invoer in het BBP van Noord-Macedonië was 54,3% in de jaren 2000, stond op de 73e plaats in de wereld, en was vergelijkbaar met Grenada (54,3%), Samoa (54,8%).

De invoer per hoofd in Noord-Macedonië was $1.661,8 in de jaren 2000s, stond op de 109e plaats in de wereld, en was vergelijkbaar met Uruguay (US$1.664,0), Kazachstan (US$1.659,2), Turkije (US$1.699,7). De invoer per hoofd in Noord-Macedonië was 12,5% lager dan de invoer per hoofd van de bevolking in de wereld ($1.899,9), en was in 4,4 keer lager dan de invoer per hoofd van de bevolking in Europa ($1.899,9).

De groei van de invoer in Noord-Macedonië bedroeg 6.1% in de jaren 2000, stond op de 86e plaats in de wereld, en was vergelijkbaar met Egypte (6,1%), Panama (6,1%). De groei van de invoer in Noord-Macedonië (6,1%) was groter dan de groei van de invoer in de wereld (5,1%), was groter dan de groei van de invoer in Europa (4,0%).

Vergelijking met buren. De invoer van Noord-Macedonië was minder dan in Griekenland (US$76,1 miljard), in Bulgarije (US$17,8 miljard), in Servië (US$12,7 miljard) en in Albanië (US$3,8 miljard). De invoer per hoofd in Noord-Macedonië was groter dan in Albanië (US$1.233,5); maar minder dan in Griekenland (US$6,8 duizend), in Bulgarije (US$2,3 duizend) en in Servië (US$1.702,0). De groei van de invoer in Noord-Macedonië was groter dan in Griekenland (3,4%); maar minder dan in Servië (17,6%), in Albanië (11,2%) en in Bulgarije (7,7%).

Vergelijking met leiders. De invoer van Noord-Macedonië was minder dan in de Verenigde Staten (US$1,9 biljoen), in Duitsland (US$914,7 miljard), in het Verenigd Koninkrijk (US$641,8 miljard), in China (US$641,1 miljard) en in Japan (US$566,4 miljard). De invoer per hoofd in Noord-Macedonië was groter dan in China (US$483,3); maar minder dan in Duitsland (US$11,2 duizend), in het Verenigd Koninkrijk (US$10,6 duizend), in de Verenigde Staten (US$6,4 duizend) en in Japan (US$4,4 duizend). De groei van de invoer in Noord-Macedonië was groter dan in Duitsland (3,7%), in het Verenigd Koninkrijk (3,1%), in de Verenigde Staten (2,8%) en in Japan (1,8%); maar minder dan in China (15,1%).

de jaren 2010

De waarde van de invoer in Noord-Macedonië bedroeg in de jaren 2010 US$7,3 miljard per jaar, stond op de 122e plaats in de wereld, en was vergelijkbaar met Mauritius (US$7,3 miljard), Jamaica (US$7,3 miljard), Palestina (US$7,4 miljard). Het aandeel in de wereld was 0,033%, en 0,088% in Europa.

Noord-Macedonië importeerde goederen uit Duitsland (14,3%), Griekenland (13,2%), het Verenigd Koninkrijk (11,8%), Servië (9,2%), Bulgarije (8,1%) en andere landen (43,3%).

Het aandeel van de invoer in het BBP van Noord-Macedonië was 66,9% in de jaren 2010, stond op de 39e plaats in de wereld.

De waarde van de invoer per hoofd in Noord-Macedonië was $3.517,6 in de jaren 2010s, stond op de 97e plaats in de wereld, en was vergelijkbaar met Mexico (US$3,5 duizend). De invoer per hoofd in Noord-Macedonië was 16,6% hoger dan de invoer per hoofd van de bevolking in de wereld ($3.015,6), en was in 3,2 keer lager dan de invoer per hoofd van de bevolking in Europa ($3.015,6).

De groei van de invoer in Noord-Macedonië bedroeg 8.7% in de jaren 2010, stond op de 24e plaats in de wereld. De groei van de invoer in Noord-Macedonië (8,7%) was groter dan de groei van de invoer in de wereld (4,4%), was groter dan de groei van de invoer in Europa (4,3%).

Vergelijking met buren. De waarde van de invoer in Noord-Macedonië was 20,0% groter dan in Albanië (US$6,1 miljard); maar 10,8 keer minder dan in Griekenland (US$78,9 miljard), 4,8 keer minder dan in Bulgarije (US$35,2 miljard) en 3,3 keer minder dan in Servië (US$23,8 miljard). De waarde van de invoer per hoofd in Noord-Macedonië was 5,1% groter dan in Servië (US$3,3 duizend) en 67,5% groter dan in Albanië (US$2,1 duizend); maar 2,1 keer minder dan in Griekenland (US$7,4 duizend) en 27,9% minder dan in Bulgarije (US$4,9 duizend). De groei van de invoer in Noord-Macedonië was groter dan in Servië (6,1%), in Bulgarije (4,9%), in Albanië (1,9%) en in Griekenland (1,1%).

Vergelijking met leiders. De waarde van de invoer in Noord-Macedonië was 385,4 keer minder dan in de Verenigde Staten (US$2,8 biljoen), 283,1 keer minder dan in China (US$2,1 biljoen), 199,0 keer minder dan in Duitsland (US$1,5 biljoen), 120,1 keer minder dan in Japan (US$877,9 miljard) en 116,9 keer minder dan in het Verenigd Koninkrijk (US$854,8 miljard). De waarde van de invoer per hoofd in Noord-Macedonië was 2,4 keer groter dan in China (US$1.475,4); maar 5,1 keer minder dan in Duitsland (US$17,8 duizend), 3,7 keer minder dan in het Verenigd Koninkrijk (US$13,0 duizend), 2,5 keer minder dan in de Verenigde Staten (US$8,8 duizend) en 48,7% minder dan in Japan (US$6,9 duizend). De groei van de invoer in Noord-Macedonië was groter dan in China (8,2%), in Duitsland (4,8%), in de Verenigde Staten (4,4%), in Japan (3,8%) en in het Verenigd Koninkrijk (3,6%).

Part IV. Verbruik

Hoofdstuk XII. Overheidsuitgaven

Consumptie-uitgaven van de overheid

De overheidsuitgaven van Noord-Macedonië steeg van US$643,5 miljoen per jaar in de jaren 1990 tot US$1,8 miljard per jaar in de jaren 2010, dat wil zeggen met US$1,2 miljard of 2,8 keer. De verandering vond plaats op US$1,0 miljard als gevolg van een 2,3-voudige stijging van de prijzen, en ook op US$113,1 miljoen als gevolg van een 1,2-voudige toename van het tarief per hoofd , evenals op US$26,6 miljoen als gevolg van de toename van de bevolking. De gemiddelde jaarlijkse groei van de overheidsuitgaven is 0,52%. De minimumwaarde van de overheidsuitgaven bedroeg US$442,5 miljoen in 1992. De maximumwaarde van de overheidsuitgaven bedroeg US$1,9 miljard in 2014.

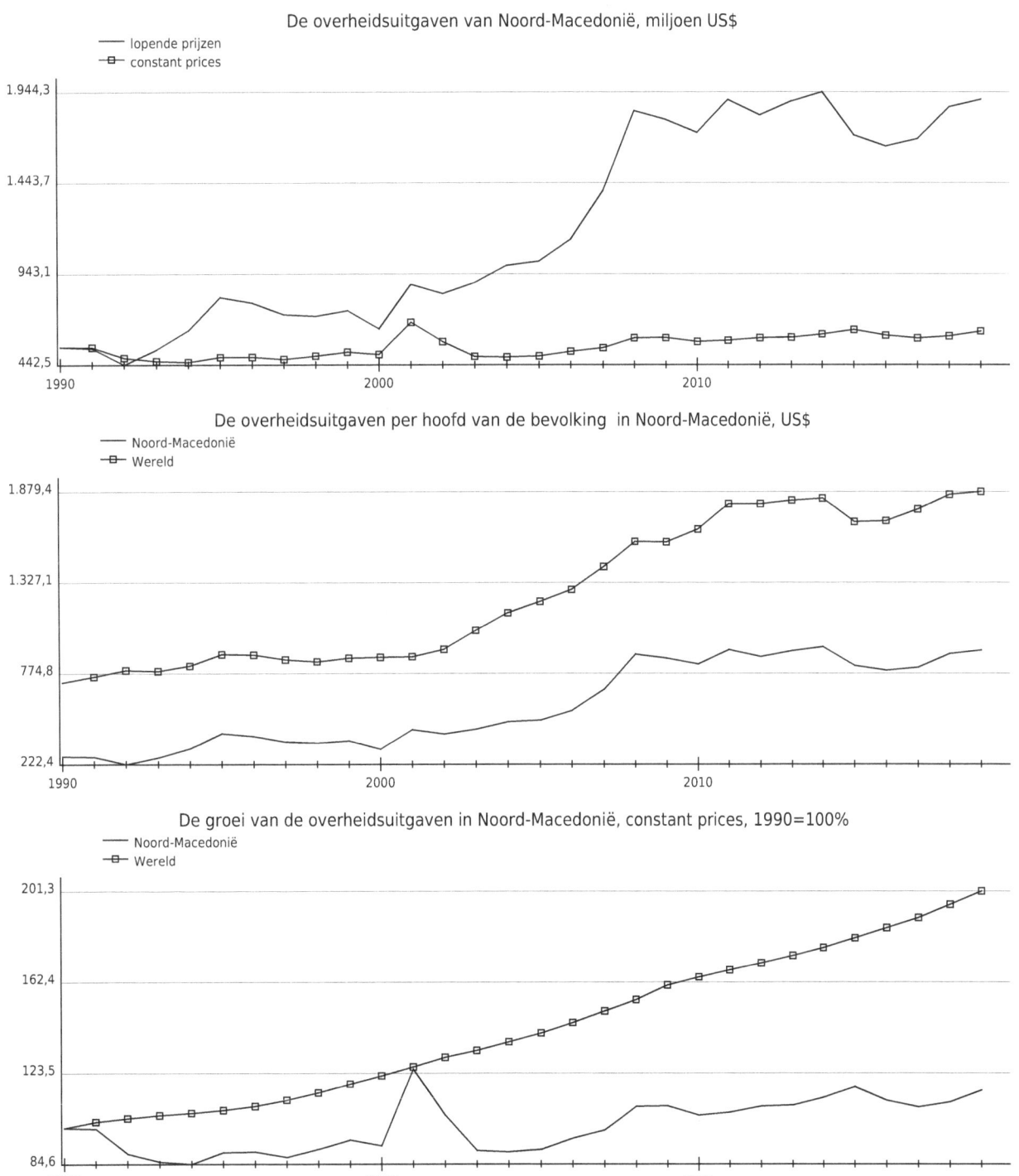

De overheidsuitgaven van Noord-Macedonië, miljoen US$

De overheidsuitgaven per hoofd van de bevolking in Noord-Macedonië, US$

De groei van de overheidsuitgaven in Noord-Macedonië, constant prices, 1990=100%

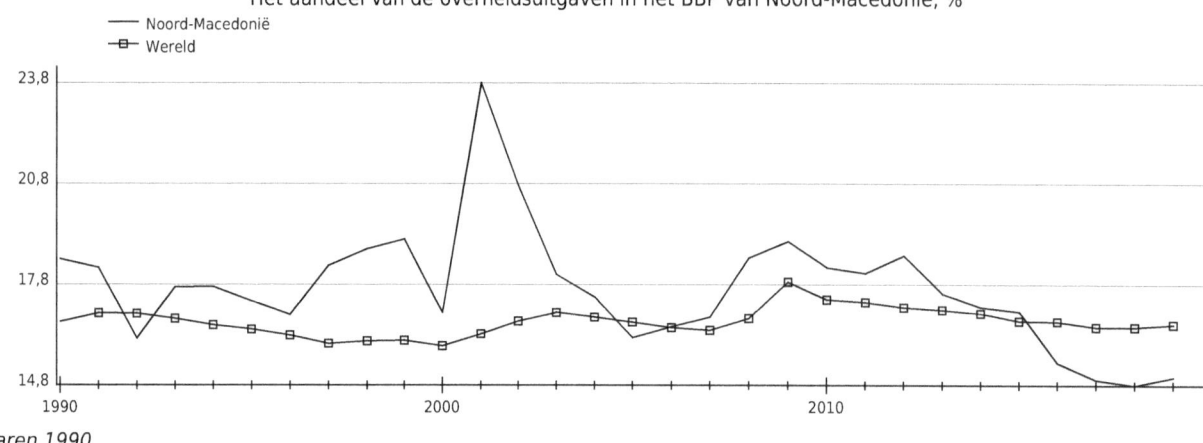

Het aandeel van de overheidsuitgaven in het BBP van Noord-Macedonië, %

de jaren 1990

De overheidsuitgaven van Noord-Macedonië bedroeg in de jaren 1990 US$643,5 miljoen per jaar, stond op de 121e plaats in de wereld, en was vergelijkbaar met Macau (US$635,1 miljoen), Palestina (US$655,6 miljoen). Het aandeel in de wereld was 0,014%, en 0,034% in Europa.

Het aandeel van de overheidsuitgaven in het BBP van Noord-Macedonië was 17,9% in de jaren 1990, stond op de 82e plaats in de wereld, en was vergelijkbaar met Azerbeidzjan (17,9%), Rusland (17,8%), Slovenië (18,0%).

De overheidsuitgaven per hoofd in Noord-Macedonië was $322,5 in de jaren 1990s, stond op de 106e plaats in de wereld, en was vergelijkbaar met Azië (US$318,7), Angola (US$317,0), Montenegro (US$315,1). De overheidsuitgaven per hoofd in Noord-Macedonië was in 2,6 keer lager dan de overheidsuitgaven per hoofd van de bevolking in de wereld ($824,8), en was in 8,1 keer lager dan de overheidsuitgaven per hoofd van de bevolking in Europa ($824,8).

De groei van de overheidsuitgaven in Noord-Macedonië bedroeg -0.6% in de jaren 1990, stond op de 162e plaats in de wereld, en was vergelijkbaar met Argentinië (-0,58%). De groei van de overheidsuitgaven in Noord-Macedonië (-0,58%) was minder dan de groei van de overheidsuitgaven in de wereld (2,0%), was minder dan de groei van de overheidsuitgaven in Europa (1,3%).

Vergelijking met buren. De overheidsuitgaven van Noord-Macedonië was groter dan in Albanië (US$284,6 miljoen); maar minder dan in Griekenland (US$21,7 miljard), in Servië (US$4,7 miljard) en in Bulgarije (US$2,0 miljard). De overheidsuitgaven per hoofd in Noord-Macedonië was groter dan in Bulgarije (US$240,8) en in Albanië (US$89,8); maar minder dan in Griekenland (US$2,0 duizend) en in Servië (US$490,5). De groei van de overheidsuitgaven in Noord-Macedonië was groter dan in Servië (-5,8%) en in Bulgarije (-6,2%); maar minder dan in Albanië (19,0%) en in Griekenland (1,1%).

Vergelijking met leiders. De overheidsuitgaven van Noord-Macedonië was minder dan in de Verenigde Staten (US$1,1 biljoen), in Japan (US$651,8 miljard), in Duitsland (US$419,6 miljard), in Frankrijk (US$325,4 miljard) en in het Verenigd Koninkrijk (US$234,6 miljard). De overheidsuitgaven per hoofd in Noord-Macedonië was minder dan in Frankrijk (US$5,5 duizend), in Duitsland (US$5,2 duizend), in Japan (US$5,2 duizend), in de Verenigde Staten (US$4,3 duizend) en in het Verenigd Koninkrijk (US$4,1 duizend). De groei van de overheidsuitgaven in Noord-Macedonië was minder dan in Japan (3,0%), in Duitsland (2,4%), in het Verenigd Koninkrijk (2,1%), in Frankrijk (1,8%) en in de Verenigde Staten (1,3%).

de jaren 2000

De overheidsuitgaven van Noord-Macedonië bedroeg in de jaren 2000 US$1,1 miljard per jaar, stond op de 121e plaats in de wereld. Het aandeel in de wereld was 0,015%, en 0,037% in Europa.

Het aandeel van de overheidsuitgaven in het BBP van Noord-Macedonië was 18,2% in de jaren 2000, stond op de 64e plaats in de wereld, en was vergelijkbaar met Angola (18,1%), Japan (18,1%), Nieuw-Zeeland (18,1%).

De overheidsuitgaven per hoofd in Noord-Macedonië was $555,5 in de jaren 2000s, stond op de 110e plaats in de wereld, en was vergelijkbaar met Oost-Timor (US$554,1), Belize (US$569,5). De overheidsuitgaven per hoofd in Noord-Macedonië was in 2,2 keer lager dan de overheidsuitgaven per hoofd van de bevolking in de wereld ($1.200,9), en was in 7,5 keer lager dan de overheidsuitgaven per hoofd van de bevolking in Europa ($1.200,9).

De groei van de overheidsuitgaven in Noord-Macedonië bedroeg 1.4% in de jaren 2000, stond op de 175e plaats in de wereld. De groei van de overheidsuitgaven in Noord-Macedonië (1,4%) was minder dan de groei van de overheidsuitgaven in de wereld (3,1%), was minder dan de groei van de overheidsuitgaven in Europa (2,1%).

Vergelijking met buren. De overheidsuitgaven van Noord-Macedonië was groter dan in Albanië (US$828,9 miljoen); maar minder dan in Griekenland (US$48,4 miljard), in Servië (US$6,0 miljard) en in Bulgarije (US$5,5 miljard). De overheidsuitgaven per hoofd in Noord-Macedonië was groter dan in Albanië (US$269,4); maar minder dan in Griekenland (US$4,3 duizend), in Servië (US$813,0) en in Bulgarije (US$711,6). De groei van de overheidsuitgaven in Noord-Macedonië was minder dan in Servië (4,8%), in Griekenland (3,4%), in Albanië (2,1%) en in Bulgarije (1,7%).

Vergelijking met leiders. De overheidsuitgaven van Noord-Macedonië was minder dan in de Verenigde Staten (US$1,9 biljoen), in Japan (US$844,2 miljard), in Duitsland (US$520,1 miljard), in Frankrijk (US$479,9 miljard) en in het Verenigd Koninkrijk (US$453,4 miljard). De overheidsuitgaven per hoofd in Noord-Macedonië was minder dan in Frankrijk (US$7,6 duizend), in het Verenigd Koninkrijk (US$7,5 duizend), in Japan (US$6,6 duizend), in de Verenigde Staten (US$6,5 duizend) en in Duitsland (US$6,4 duizend). De groei van de overheidsuitgaven in Noord-Macedonië was groter dan in Duitsland (1,4%); maar minder dan in het Verenigd Koninkrijk (2,9%), in de Verenigde Staten (2,2%), in Japan (1,7%) en in Frankrijk (1,7%).

de jaren 2010

De overheidsuitgaven van Noord-Macedonië bedroeg in de jaren 2010 US$1,8 miljard per jaar, stond op de 136e plaats in de wereld, en was vergelijkbaar met Mauritius (US$1,8 miljard), Madagaskar (US$1,8 miljard). Het aandeel in de wereld was 0,014%, en 0,043% in Europa.

Het aandeel van de overheidsuitgaven in het BBP van Noord-Macedonië was 16,6% in de jaren 2010, stond op de 100e plaats in de wereld, en was vergelijkbaar met Thailand (16,5%), Argentinië (16,7%), Bulgarije (16,4%).

De overheidsuitgaven per hoofd in Noord-Macedonië was $870,4 in de jaren 2010s, stond op de 116e plaats in de wereld, en was vergelijkbaar met Swaziland (US$866,2), Tonga (US$854,6). De overheidsuitgaven per hoofd in Noord-Macedonië was in 2,1 keer lager dan de overheidsuitgaven per hoofd van de bevolking in de wereld ($1.785,1), en was in 6,6 keer lager dan de overheidsuitgaven per hoofd van de bevolking in Europa ($1.785,1).

De groei van de overheidsuitgaven in Noord-Macedonië bedroeg 0.6% in de jaren 2010, stond op de 164e plaats in de wereld. De groei van de overheidsuitgaven in Noord-Macedonië (0,60%) was minder dan de groei van de overheidsuitgaven in de wereld (2,3%), was minder dan de groei van de overheidsuitgaven in Europa (0,99%).

Vergelijking met buren. De overheidsuitgaven van Noord-Macedonië was 24,1% groter dan in Albanië (US$1,5 miljard); maar 26,7 keer minder dan in Griekenland (US$48,2 miljard), 5,2 keer minder dan in Bulgarije (US$9,4 miljard) en 4,4 keer minder dan in Servië (US$8,0 miljard). De overheidsuitgaven per hoofd in Noord-Macedonië was 73,3% groter dan in Albanië (US$502,4); maar 5,2 keer minder dan in Griekenland (US$4,5 duizend), 33,0% minder dan in Bulgarije (US$1.300,0) en 22,3% minder dan in Servië (US$1.120,3). De groei van de overheidsuitgaven in Noord-Macedonië was groter dan in Servië (0,55%) en in Griekenland (-2,6%); maar minder dan in Albanië (2,4%) en in Bulgarije (2,2%).

Vergelijking met leiders. De overheidsuitgaven van Noord-Macedonië was 1.466,9 keer minder dan in de Verenigde Staten (US$2,7 biljoen), 928,3 keer minder dan in China (US$1,7 biljoen), 576,6 keer minder dan in Japan (US$1,0 biljoen), 398,9 keer minder dan in Duitsland (US$721,6 miljard) en 352,7 keer minder dan in Frankrijk (US$637,9 miljard). De overheidsuitgaven per hoofd in Noord-Macedonië was 11,0 keer minder dan in Frankrijk (US$9,6 duizend), 10,1 keer minder dan in Duitsland (US$8,8 duizend), 9,5 keer minder dan in de Verenigde Staten (US$8,3 duizend), 9,4 keer minder dan in Japan (US$8,2 duizend) en 27,3% minder dan in China (US$1.197,3). De groei van de overheidsuitgaven in Noord-Macedonië was groter dan in de Verenigde Staten (0,0052%); maar minder dan in China (8,3%), in Duitsland (1,9%), in Japan (1,3%) en in Frankrijk (1,3%).

Hoofdstuk XIII. Huishoudelijke uitgaven

Consumptieve bestedingen van de huishoudens

De huishoudelijke uitgaven van Noord-Macedonië steeg van US$2,6 miljard per jaar in de jaren 1990 tot US$7,6 miljard per jaar in de jaren 2010, dat wil zeggen met US$5,0 miljard of 2,9 keer. De verandering vond plaats op US$2,7 miljard als gevolg van een 1,5-voudige stijging van de prijzen, en ook op US$2,2 miljard als gevolg van een 1,8-voudige toename van het tarief per hoofd , evenals op US$107,6 miljoen als gevolg van de toename van de bevolking. De gemiddelde jaarlijkse groei van de huishoudelijke uitgaven is 2,7%. De minimumwaarde van de huishoudelijke uitgaven bedroeg US$1,9 miljard in 1992. De maximumwaarde van de huishoudelijke uitgaven bedroeg US$8,3 miljard in 2018.

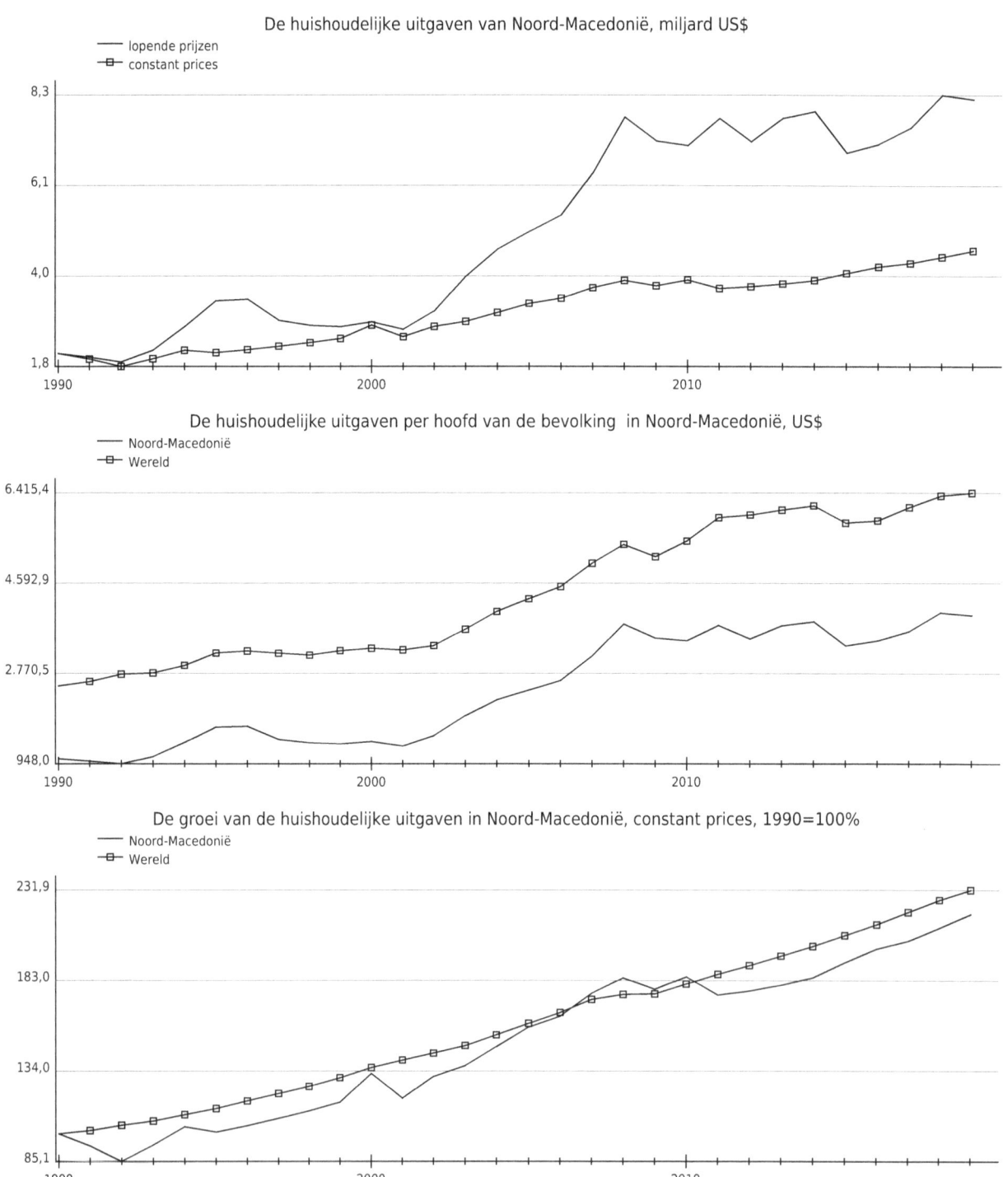

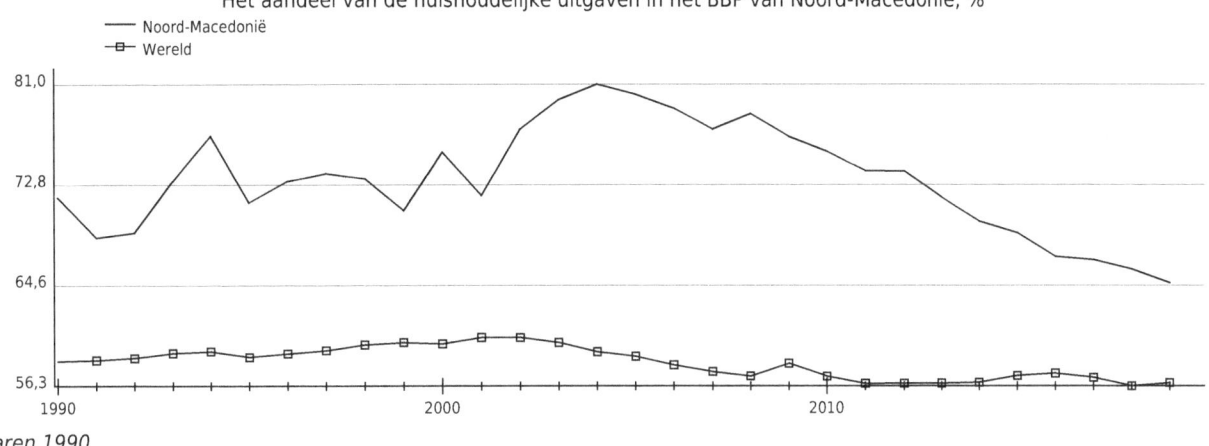

Het aandeel van de huishoudelijke uitgaven in het BBP van Noord-Macedonië, %

de jaren 1990

De huishoudelijke uitgaven van Noord-Macedonië bedroeg in de jaren 1990 US$2,6 miljard per jaar, stond op de 123e plaats in de wereld, en was vergelijkbaar met Cambodja (US$2,6 miljard), Macau (US$2,6 miljard), Haïti (US$2,5 miljard). Het aandeel in de wereld was 0,015%, en 0,046% in Europa.

Het aandeel van de huishoudelijke uitgaven in het BBP van Noord-Macedonië was 72,2% in de jaren 1990, stond op de 73e plaats in de wereld, en was vergelijkbaar met Somalië (72,3%), Madagaskar (72,3%), Saint Vincent en de Grenadines (72,4%).

De huishoudelijke uitgaven per hoofd in Noord-Macedonië was $1.302,7 in de jaren 1990s, stond op de 108e plaats in de wereld, en was vergelijkbaar met Tunesië (US$1.288,0), Ecuador (US$1.322,8), Oost-Europa (US$1.324,5). De huishoudelijke uitgaven per hoofd in Noord-Macedonië was in 2,3 keer lager dan de huishoudelijke uitgaven per hoofd van de bevolking in de wereld ($2.963,9), en was in 5,9 keer lager dan de huishoudelijke uitgaven per hoofd van de bevolking in Europa ($2.963,9).

De groei van de huishoudelijke uitgaven in Noord-Macedonië bedroeg 1.8% in de jaren 1990, stond op de 142e plaats in de wereld, en was vergelijkbaar met Europa (1,8%), Frankrijk (1,8%). De groei van de huishoudelijke uitgaven in Noord-Macedonië (1,8%) was minder dan de groei van de huishoudelijke uitgaven in de wereld (3,0%), was minder dan de groei van de huishoudelijke uitgaven in Europa (1,8%).

Vergelijking met buren. De huishoudelijke uitgaven van Noord-Macedonië was groter dan in Albanië (US$2,3 miljard); maar minder dan in Griekenland (US$85,3 miljard), in Servië (US$17,8 miljard) en in Bulgarije (US$8,2 miljard). De huishoudelijke uitgaven per hoofd in Noord-Macedonië was groter dan in Bulgarije (US$972,2) en in Albanië (US$712,4); maar minder dan in Griekenland (US$8,0 duizend) en in Servië (US$1.868,2). De groei van de huishoudelijke uitgaven in Noord-Macedonië was groter dan in Albanië (1,6%), in Bulgarije (-4,3%) en in Servië (-8,0%); maar minder dan in Griekenland (2,7%).

Vergelijking met leiders. De huishoudelijke uitgaven van Noord-Macedonië was minder dan in de Verenigde Staten (US$4,9 biljoen), in Japan (US$2,3 biljoen), in Duitsland (US$1,2 biljoen), in het Verenigd Koninkrijk (US$884,5 miljard) en in Frankrijk (US$783,0 miljard). De huishoudelijke uitgaven per hoofd in Noord-Macedonië was minder dan in de Verenigde Staten (US$18,5 duizend), in Japan (US$18,2 duizend), in het Verenigd Koninkrijk (US$15,3 duizend), in Duitsland (US$15,2 duizend) en in Frankrijk (US$13,2 duizend). De groei van de huishoudelijke uitgaven in Noord-Macedonië was minder dan in de Verenigde Staten (3,4%), in het Verenigd Koninkrijk (2,8%), in Duitsland (2,1%), in Japan (1,8%) en in Frankrijk (1,8%).

de jaren 2000

De huishoudelijke uitgaven van Noord-Macedonië bedroeg in de jaren 2000 US$4,9 miljard per jaar, stond op de 123e plaats in de wereld, en was vergelijkbaar met Burkina Faso (US$4,8 miljard). Het aandeel in de wereld was 0,018%, en 0,056% in Europa.

Het aandeel van de huishoudelijke uitgaven in het BBP van Noord-Macedonië was 78,0% in de jaren 2000, stond op de 48e plaats in de wereld, en was vergelijkbaar met Grenada (78,1%), Jamaica (78,4%), Pakistan (78,6%).

De huishoudelijke uitgaven per hoofd in Noord-Macedonië was $2.386,4 in de jaren 2000s, stond op de 101e plaats in de wereld, en was vergelijkbaar met Equatoriaal-Guinea (US$2,4 duizend), Colombia (US$2,4 duizend), Tonga (US$2,4 duizend). De huishoudelijke uitgaven per hoofd in Noord-Macedonië was 43,3% lager dan de huishoudelijke uitgaven per hoofd van de bevolking in de wereld ($4.208,2), en was in 5,0 keer lager dan de huishoudelijke uitgaven per hoofd van de bevolking in Europa ($4.208,2).

De groei van de huishoudelijke uitgaven in Noord-Macedonië bedroeg 4.3% in de jaren 2000, stond op de 93e plaats in de wereld, en was vergelijkbaar met Syrië (4,3%), Letland (4,3%). De groei van de huishoudelijke uitgaven in Noord-Macedonië (4,3%) was groter dan de groei van de huishoudelijke uitgaven in de wereld (3,0%), was groter dan de groei van de huishoudelijke uitgaven in Europa (2,0%).

Vergelijking met buren. De huishoudelijke uitgaven van Noord-Macedonië was minder dan in Griekenland (US$157,4 miljard), in Servië (US$21,7 miljard),   in Bulgarije (US$20,4 miljard) en   in Albanië (US$6,2 miljard). De huishoudelijke uitgaven per hoofd in Noord-Macedonië was groter dan in Albanië (US$2,0 duizend); maar minder dan in Griekenland (US$14,1 duizend), in Servië (US$2,9 duizend) en in Bulgarije (US$2,6 duizend). De groei van de huishoudelijke uitgaven in Noord-Macedonië was groter dan in Griekenland (3,1%); maar minder dan in Albanië (6,4%), in Bulgarije (6,4%) en in Servië (5,2%).

Vergelijking met leiders. De huishoudelijke uitgaven van Noord-Macedonië was minder dan in de Verenigde Staten (US$8,5 biljoen), in Japan (US$2,6 biljoen), in Duitsland (US$1,5 biljoen), in het Verenigd Koninkrijk (US$1,5 biljoen) en in Frankrijk (US$1,1 biljoen). De huishoudelijke uitgaven per hoofd in Noord-Macedonië was minder dan in de Verenigde Staten (US$28,8 duizend), in het Verenigd Koninkrijk (US$25,0 duizend), in Japan (US$20,4 duizend), in Duitsland (US$18,9 duizend) en in Frankrijk (US$18,1 duizend). De groei van de huishoudelijke uitgaven in Noord-Macedonië was groter dan in de Verenigde Staten (2,4%), in het Verenigd Koninkrijk (2,1%), in Frankrijk (2,0%), in Japan (0,81%) en in Duitsland (0,46%).

de jaren 2010

De huishoudelijke uitgaven van Noord-Macedonië bedroeg in de jaren 2010 US$7,6 miljard per jaar, stond op de 136e plaats in de wereld. Het aandeel in de wereld was 0,017%, en 0,065% in Europa.

Het aandeel van de huishoudelijke uitgaven in het BBP van Noord-Macedonië was 69,5% in de jaren 2010, stond op de 76e plaats in de wereld, en was vergelijkbaar met Palau (69,5%), Niger (69,5%), Polynesië (69,6%).

De huishoudelijke uitgaven per hoofd in Noord-Macedonië was $3.652,9 in de jaren 2010s, stond op de 109e plaats in de wereld, en was vergelijkbaar met Botswana (US$3,7 duizend), Namibië (US$3,6 duizend), de Maldiven (US$3,7 duizend). De huishoudelijke uitgaven per hoofd in Noord-Macedonië was 39,3% lager dan de huishoudelijke uitgaven per hoofd van de bevolking in de wereld ($6.018,5), en was in 4,3 keer lager dan de huishoudelijke uitgaven per hoofd van de bevolking in Europa ($6.018,5).

De groei van de huishoudelijke uitgaven in Noord-Macedonië bedroeg 2.1% in de jaren 2010, stond op de 138e plaats in de wereld, en was vergelijkbaar met Albanië (2,1%), Trinidad en Tobago (2,1%). De groei van de huishoudelijke uitgaven in Noord-Macedonië (2,1%) was minder dan de groei van de huishoudelijke uitgaven in de wereld (2,8%), was groter dan de groei van de huishoudelijke uitgaven in Europa (1,3%).

Vergelijking met buren. De huishoudelijke uitgaven van Noord-Macedonië was 20,9 keer minder dan in Griekenland (US$158,8 miljard), 4,6 keer minder dan in Bulgarije (US$35,2 miljard), 4,4 keer minder dan in Servië (US$33,0 miljard) en 26,5% minder dan in Albanië (US$10,3 miljard). De huishoudelijke uitgaven per hoofd in Noord-Macedonië was 2,6% groter dan in Albanië (US$3,6 duizend); maar 4,1 keer minder dan in Griekenland (US$14,9 duizend), 25,2% minder dan in Bulgarije (US$4,9 duizend) en 21,2% minder dan in Servië (US$4,6 duizend). De groei van de huishoudelijke uitgaven in Noord-Macedonië was groter dan in Albanië (2,1%), in Servië (0,73%) en in Griekenland (-2,2%); maar minder dan in Bulgarije (2,8%).

Vergelijking met leiders. De huishoudelijke uitgaven van Noord-Macedonië was 1.606,1 keer minder dan in de Verenigde Staten (US$12,2 biljoen), 517,6 keer minder dan in China (US$3,9 biljoen), 393,5 keer minder dan in Japan (US$3,0 biljoen), 258,0 keer minder dan in Duitsland (US$2,0 biljoen) en 234,7 keer minder dan in het Verenigd Koninkrijk (US$1,8 biljoen). De huishoudelijke uitgaven per hoofd in Noord-Macedonië was 30,4% groter dan in China (US$2,8 duizend); maar 10,4 keer minder dan in de Verenigde Staten (US$38,2 duizend), 7,4 keer minder dan in het Verenigd Koninkrijk (US$27,2 duizend), 6,5 keer minder dan in Duitsland (US$23,9 duizend) en 6,4 keer minder dan in Japan (US$23,4 duizend). De groei van de huishoudelijke uitgaven in Noord-Macedonië was groter dan in het Verenigd Koninkrijk (1,8%), in Duitsland (1,4%) en in Japan (0,64%); maar minder dan in China (8,3%) en in de Verenigde Staten (2,4%).

Hoofdstuk XIV. Voedsel consumptie

Tijdens de onderzoeksperiode groeide de voedselconsumptie in stimulerende middelen (in 2,4 keer), plantaardige oliën (in 2,2 keer), noten (met 87,0%), specerijen (met 67,7%), melk (met 58,5%), vis (met 42,4%), fruit (met 21,7%), suiker (met 20,9%), zetmeelrijke wortels (met 20,0%), groenten (met 17,4%), vlees (met 11,7%), maar daalde in peulvruchten (met 10,3%), granen (met 13,6%), eieren (met 40,3%), alcoholische dranken (met 50,2%).

Dit zijn de correlatiecoëfficiënten tussen het bni per hoofd van de bevolking in constante prijzen en de voedselconsumptie: noten (1), specerijen (0.995), suiker (0.994), zetmeelrijke wortels (0.98), melk (0.979), stimulerende middelen (0.956), vis (0.912), plantaardige oliën (0.876), groenten (0.833), fruit (0.779), vlees (0.752), granen (-0.78), peulvruchten (-0.813), alcoholische dranken (-0.947), eieren (-0.968).

de jaren 1990

De consumptie van kcal in Noord-Macedonië was 2.620,4 kcal/hoofd/dag in the 1990s, stond op de 76e plaats in de wereld, and was on a par with China (2.617,7 kcal/hoofd/dag), Trinidad en Tobago (2.614,8 kcal/hoofd/dag), Belize (2.634,2 kcal/hoofd/dag). De consumptie van kcal in Noord-Macedonië was minder dan in de wereld (2.652,6 kcal/hoofd/dag), en was minder dan in Europa (3.214,0 kcal/hoofd/dag). De structuur van de consumptie: granen (42.2%), suiker (12.1%), vlees (7.5%), plantaardige oliën (6.9%), melk (5%), en anderen (26.3%).

De consumptie van eiwitten in Noord-Macedonië was 70,8 g/hoofd/dag in the 1990s, stond op de 81e plaats in de wereld, and was on a par with Jamaica (70,8 g/hoofd/dag), Guyana (70,6 g/hoofd/dag), Fiji (70,4 g/hoofd/dag). De consumptie van eiwitten in Noord-Macedonië was minder dan in de wereld (72,1 g/hoofd/dag), en was minder dan in Europa (97,9 g/hoofd/dag). De structuur van de consumptie: granen (44%), vlees (15.5%), melk (13.2%), groenten (6.7%), peulvruchten (4.7%), en anderen (15.9%).

De consumptie van vet in Noord-Macedonië was 71,1 g/hoofd/dag in the 1990s, stond op de 79e plaats in de wereld, and was on a par with Saint Lucia (71,3 g/hoofd/dag), Oman (70,8 g/hoofd/dag), Oezbekistan (71,7 g/hoofd/dag). De consumptie van vet in Noord-Macedonië was groter dan in de wereld (69,0 g/hoofd/dag), en was minder dan in Europa (119,3 g/hoofd/dag). De structuur van de consumptie: plantaardige oliën (28.9%), vlees (23.2%), melk (8.3%), granen (6%), eieren (3.9%), en anderen (29.7%).

Dit zijn de niveaus van voedselconsumptie op de wereldranglijst: 10e - groenten (169,1 kg/hoofd/jr), 22e - specerijen (1,6 kg/hoofd/jr), 34e - eieren (10,3 kg/hoofd/jr), 41e - noten (2,3 kg/hoofd/jr), 54e - alcoholische dranken (45,8 kg/hoofd/jr), 55e - granen (149,6 kg/hoofd/jr), 59e - stimulerende middelen (3,0 kg/hoofd/jr), 62e - fruit (82,3 kg/hoofd/jr), 69e - suiker (33,4 kg/hoofd/jr), 74e - peulvruchten (5,4 kg/hoofd/jr), 75e - melk (97,8 kg/hoofd/jr), 83e - vlees (33,3 kg/hoofd/jr), 94e - zetmeelrijke wortels (48,0 kg/hoofd/jr), 103e - plantaardige oliën (7,5 kg/hoofd/jr), 132e - vis (3,9 kg/hoofd/jr).

de jaren 2000

De consumptie van kcal in Noord-Macedonië was 2.829,7 kcal/hoofd/dag in the 2000s, stond op de 71e plaats in de wereld, and was on a par with Georgië (2.838,9 kcal/hoofd/dag), Slowakije (2.820,1 kcal/hoofd/dag), Japan (2.815,8 kcal/hoofd/dag). De consumptie van kcal in Noord-Macedonië was groter dan in de wereld (2.765,9 kcal/hoofd/dag), en was minder dan in Europa (3.316,3 kcal/hoofd/dag). De structuur van de consumptie: granen (35%), plantaardige oliën (12.7%), suiker (12.4%), vlees (6.8%), melk (6%), en anderen (27.1%).

De consumptie van eiwitten in Noord-Macedonië was 74,0 g/hoofd/dag in the 2000s, stond op de 97e plaats in de wereld, and was on a par with Belize (74,2 g/hoofd/dag), Burkina Faso (74,2 g/hoofd/dag), Niger (73,8 g/hoofd/dag). De consumptie van eiwitten in Noord-Macedonië was minder dan in de wereld (76,5 g/hoofd/dag), en was minder dan in Europa (100,0 g/hoofd/dag). De structuur van de consumptie: granen (37%), vlees (17.3%), melk (15.9%), groenten (6.1%), peulvruchten (4.6%), en anderen (19.1%).

De consumptie van vet in Noord-Macedonië was 98,8 g/hoofd/dag in the 2000s, stond op de 49e plaats in de wereld, and was on a par with Kazachstan (99,1 g/hoofd/dag). De consumptie van vet in Noord-Macedonië was groter dan in de wereld (76,9 g/hoofd/dag), en was minder dan in Europa (123,9 g/hoofd/dag). De structuur van de consumptie: plantaardige oliën (41%), vlees (15.4%), melk (8%), granen (4.6%), stimulerende middelen (2.8%), en anderen (28.2%).

Dit zijn de niveaus van voedselconsumptie op de wereldranglijst: 19e - groenten (160,1 kg/hoofd/jr), 26e - specerijen (1,9 kg/hoofd/jr), 39e - plantaardige oliën (14,8 kg/hoofd/jr), 40e - noten (3,0 kg/hoofd/jr), 44e - stimulerende middelen (5,7 kg/hoofd/jr), 56e - eieren (8,6 kg/hoofd/jr), 61e - melk (128,5 kg/hoofd/jr), 69e - suiker (36,5 kg/hoofd/jr), 74e - peulvruchten (5,6 kg/hoofd/jr), 76e - alcoholische dranken (35,9 kg/hoofd/jr), 81e - granen (132,0 kg/hoofd/jr), 92e - vlees (37,3 kg/hoofd/jr), 94e - zetmeelrijke wortels (53,1 kg/hoofd/jr), 133e - vis (5,1 kg/hoofd/jr).

de jaren 2010

De consumptie van kcal in Noord-Macedonië was 2.936,3 kcal/hoofd/dag in the 2010s, stond op de 70e plaats in de wereld, and was on a par with Saint Vincent en de Grenadines (2.936,3 kcal/hoofd/dag), Slowakije (2.934,0 kcal/hoofd/dag), Frans-Polynesië (2.930,5 kcal/hoofd/dag). De consumptie van kcal in Noord-Macedonië was groter dan in de wereld (2.869,3 kcal/hoofd/dag), en was minder dan in Europa (3.363,0 kcal/hoofd/dag). De structuur van de consumptie: granen (33.9%), plantaardige oliën (13.6%), suiker (12.9%), melk (6.8%), vlees (5.8%), en anderen (27%).

De consumptie van eiwitten in Noord-Macedonië was 77,9 g/hoofd/dag in the 2010s, stond op de 96e plaats in de wereld, and was on a par with Mongolië (77,9 g/hoofd/dag), Georgië (77,6 g/hoofd/dag). De consumptie van eiwitten in Noord-Macedonië was minder dan in de wereld (80,6 g/hoofd/dag), en was minder dan in Europa (102,1 g/hoofd/dag). De structuur van de consumptie: granen (35.7%), melk (17.6%), vlees (16.2%), groenten (7.2%), peulvruchten (3.8%), en anderen (19.5%).

De consumptie van vet in Noord-Macedonië was 102,8 g/hoofd/dag in the 2010s, stond op de 51e plaats in de wereld, and was on a par with Zuid-Korea (102,6 g/hoofd/dag), Rusland (102,5 g/hoofd/dag), Libanon (103,2 g/hoofd/dag). De consumptie van vet in Noord-Macedonië was groter dan in de wereld (82,4 g/hoofd/dag), en was minder dan in Europa (128,7 g/hoofd/dag). De structuur van de consumptie: plantaardige oliën (44%), vlees (12.5%), melk (9.1%), granen (3.9%), stimulerende middelen (3.2%), en anderen (27.3%).

Dit zijn de niveaus van voedselconsumptie op de wereldranglijst: 14e - groenten (198,5 kg/hoofd/jr), 21e - specerijen (2,7 kg/hoofd/jr), 32e - noten (4,2 kg/hoofd/jr), 33e - stimulerende middelen (7,4 kg/hoofd/jr), 35e - plantaardige oliën (16,5 kg/hoofd/jr), 48e - melk (155,0 kg/hoofd/jr), 53e - suiker (40,3 kg/hoofd/jr), 57e - fruit (100,2 kg/hoofd/jr), 76e - zetmeelrijke wortels (57,5 kg/hoofd/jr), 80e - eieren (7,4 kg/hoofd/jr), 84e - peulvruchten (4,9 kg/hoofd/jr), 88e - granen (131,8 kg/hoofd/jr), 97e - alcoholische dranken (30,5 kg/hoofd/jr), 99e - vlees (37,2 kg/hoofd/jr), 135e - vis (5,5 kg/hoofd/jr).

Part V. Reproductie

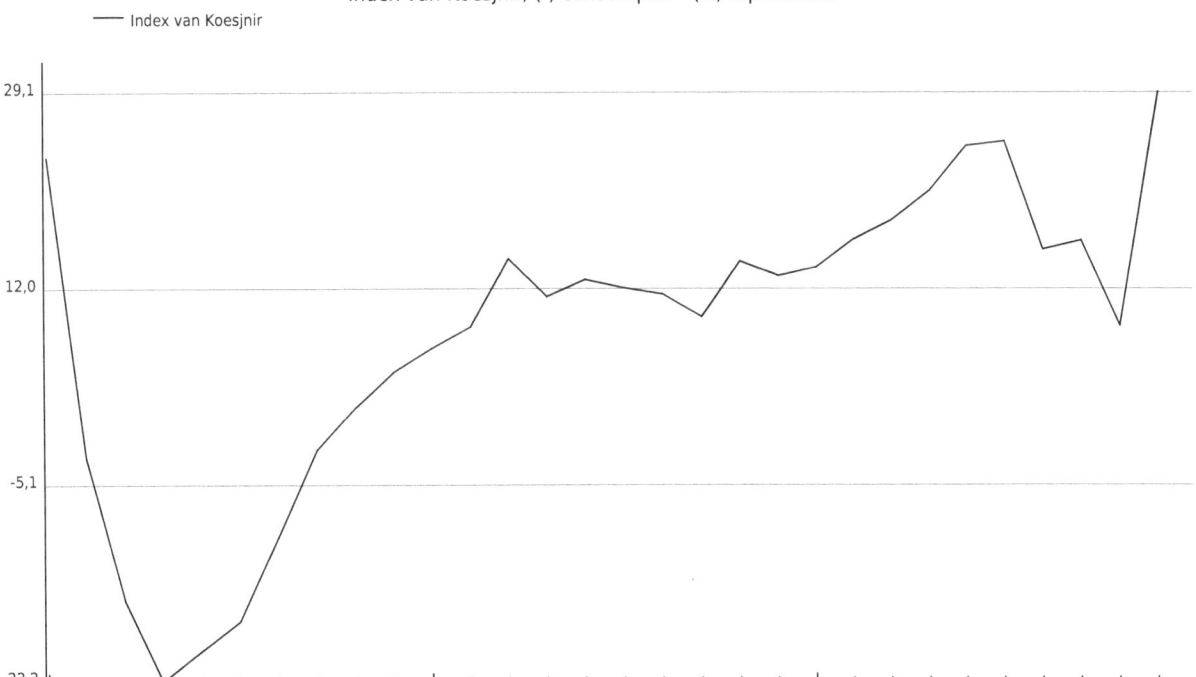

Index van Koesjnir, (-) consumptie - (+) reproductie

Hoofdstuk XV. Bruto-investeringen in vaste activa

De investeringen in vaste activa van Noord-Macedonië steeg van US$769,0 miljoen per jaar in de jaren 1990 tot US$2,7 miljard per jaar in de jaren 2010, dat wil zeggen met US$1,9 miljard of 3,5 keer. De verandering vond plaats op US$1,2 miljard als gevolg van een 1,8-voudige stijging van de prijzen, en ook op US$642,8 miljoen als gevolg van een 1,8-voudige toename van het tarief per hoofd , evenals op US$31,8 miljoen als gevolg van de toename van de bevolking. De gemiddelde jaarlijkse groei van de investeringen in vaste activa is 2,2%. De minimumwaarde van de investeringen in vaste activa bedroeg US$594,7 miljoen in 1992. De maximumwaarde van de investeringen in vaste activa bedroeg US$4,3 miljard in 2019.

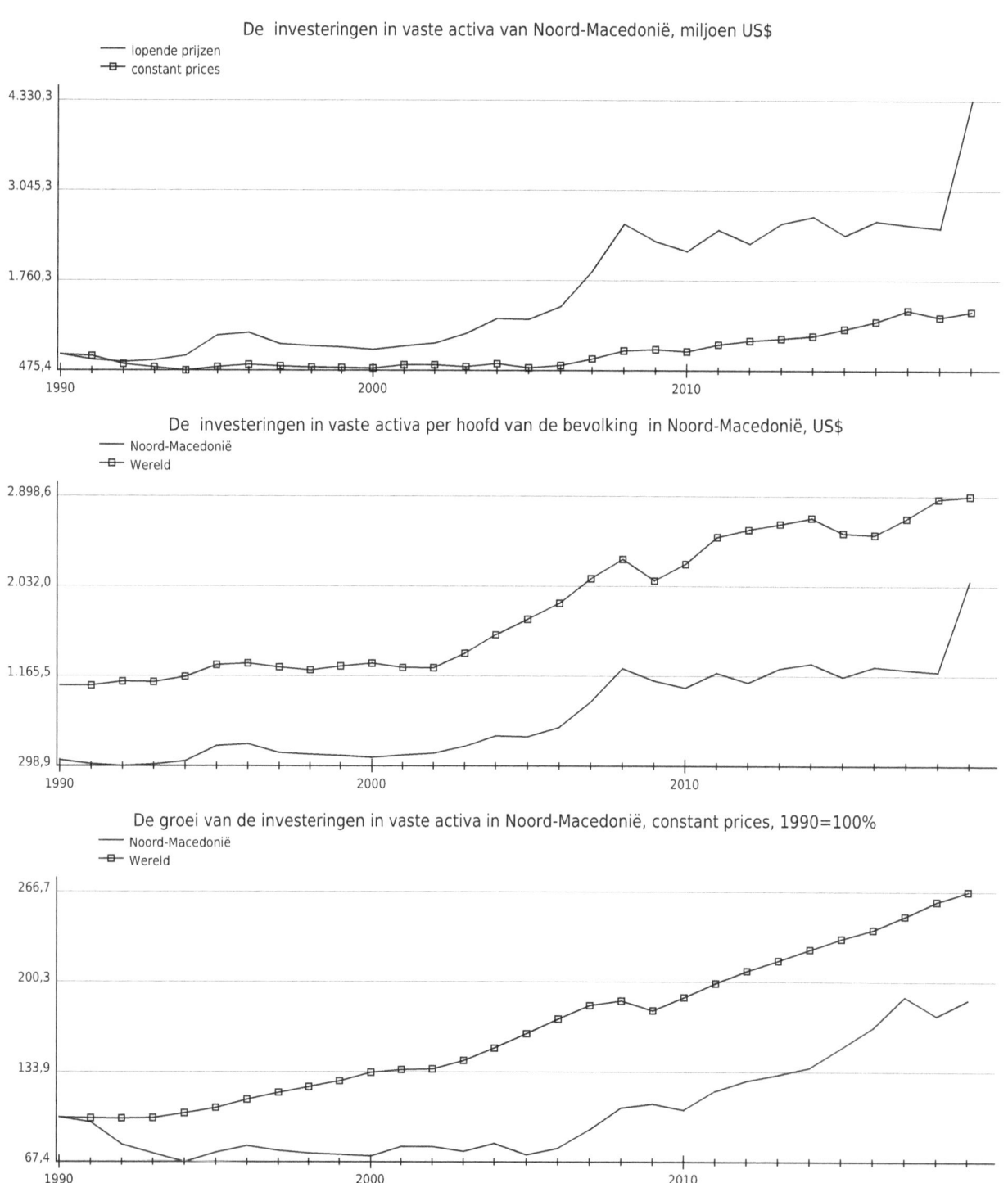

De investeringen in vaste activa van Noord-Macedonië, miljoen US$

De investeringen in vaste activa per hoofd van de bevolking in Noord-Macedonië, US$

De groei van de investeringen in vaste activa in Noord-Macedonië, constant prices, 1990=100%

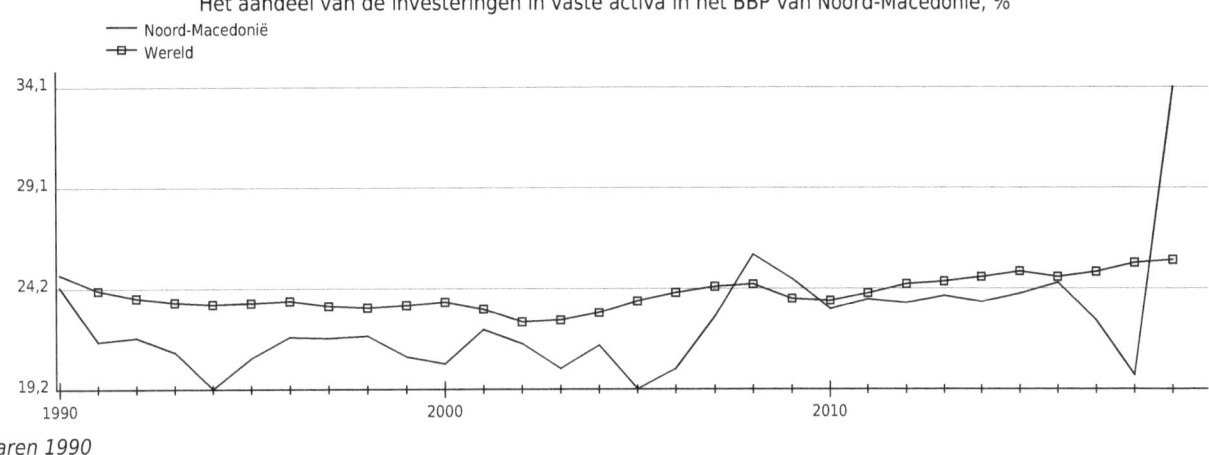

Het aandeel van de investeringen in vaste activa in het BBP van Noord-Macedonië, %

de jaren 1990

De investeringen in vaste activa van Noord-Macedonië bedroeg in de jaren 1990 US$769,0 miljoen per jaar, stond op de 125e plaats in de wereld, en was vergelijkbaar met Nicaragua (US$765,6 miljoen), Malta (US$782,8 miljoen). Het aandeel in de wereld was 0,011%, en 0,036% in Europa.

Het aandeel van de investeringen in vaste activa in het BBP van Noord-Macedonië was 21,4% in de jaren 1990, stond op de 110e plaats in de wereld, en was vergelijkbaar met Saint Lucia (21,4%), Oman (21,5%), Dominica (21,3%).

De investeringen in vaste activa per hoofd in Noord-Macedonië was $385,4 in de jaren 1990s, stond op de 115e plaats in de wereld, en was vergelijkbaar met Peru (US$395,0). De investeringen in vaste activa per hoofd in Noord-Macedonië was in 3,1 keer lager dan de investeringen in vaste activa per hoofd van de bevolking in de wereld ($1.183,8), en was in 7,7 keer lager dan de investeringen in vaste activa per hoofd van de bevolking in Europa ($1.183,8).

De groei van de investeringen in vaste activa in Noord-Macedonië bedroeg -3.5% in de jaren 1990, stond op de 179e plaats in de wereld. De groei van de investeringen in vaste activa in Noord-Macedonië (-3,5%) was minder dan de groei van de investeringen in vaste activa in de wereld (2,8%), was minder dan de groei van de investeringen in vaste activa in Europa (0,024%).

Vergelijking met buren. De bruto-investeringen in vaste activa van Noord-Macedonië was groter dan in Albanië (US$447,1 miljoen); maar minder dan in Griekenland (US$28,1 miljard), in Servië (US$2,8 miljard) en in Bulgarije (US$1,8 miljard). De investeringen in vaste activa per hoofd in Noord-Macedonië was groter dan in Servië (US$289,0), in Bulgarije (US$215,9) en in Albanië (US$141,0); maar minder dan in Griekenland (US$2,6 duizend). De groei van de investeringen in vaste activa in Noord-Macedonië was groter dan in Albanië (-4,2%) en in Servië (-6,8%); maar minder dan in Griekenland (4,2%) en in Bulgarije (-0,26%).

Vergelijking met leiders. De investeringen in vaste activa van Noord-Macedonië was minder dan in de Verenigde Staten (US$1,6 biljoen), in Japan (US$1,3 biljoen), in Duitsland (US$520,7 miljard), in Frankrijk (US$299,3 miljard) en in het Verenigd Koninkrijk (US$250,0 miljard). De bruto-investeringen in vaste activa per hoofd in Noord-Macedonië was minder dan in Japan (US$10,4 duizend), in Duitsland (US$6,5 duizend), in de Verenigde Staten (US$6,1 duizend), in Frankrijk (US$5,0 duizend) en in het Verenigd Koninkrijk (US$4,3 duizend). De groei van de investeringen in vaste activa in Noord-Macedonië was minder dan in de Verenigde Staten (4,8%), in Duitsland (2,4%), in het Verenigd Koninkrijk (1,7%), in Frankrijk (1,5%) en in Japan (0,18%).

de jaren 2000

De investeringen in vaste activa van Noord-Macedonië bedroeg in de jaren 2000 US$1,4 miljard per jaar, stond op de 128e plaats in de wereld, en was vergelijkbaar met Namibië (US$1,4 miljard). Het aandeel in de wereld was 0,013%, en 0,042% in Europa.

Het aandeel van de investeringen in vaste activa in het BBP van Noord-Macedonië was 22,3% in de jaren 2000, stond op de 117e plaats in de wereld, en was vergelijkbaar met Maleisië (22,3%), Hongkong (22,3%), Panama (22,3%).

De investeringen in vaste activa per hoofd in Noord-Macedonië was $681,9 in de jaren 2000s, stond op de 119e plaats in de wereld, en was vergelijkbaar met Bosnië en Herzegovina (US$697,2). De investeringen in vaste activa per hoofd in Noord-Macedonië was in 2,5 keer lager dan de investeringen in vaste activa per hoofd van de bevolking in de wereld ($1.690,7), en was in 6,7 keer lager dan de investeringen in vaste activa per hoofd van de bevolking in Europa ($1.690,7).

De groei van de investeringen in vaste activa in Noord-Macedonië bedroeg 4.2% in de jaren 2000, stond op de 106e plaats in de wereld, en was vergelijkbaar met Bosnië en Herzegovina (4,2%). De groei van de investeringen in vaste activa in Noord-Macedonië (4,2%) was groter dan de groei van de investeringen in vaste activa in de wereld (3,5%), was groter dan de groei van de investeringen in vaste activa in Europa (1,6%).

Vergelijking met buren. De bruto-investeringen in vaste activa van Noord-Macedonië was minder dan in Griekenland (US$56,7 miljard), in Bulgarije (US$8,0 miljard), in Servië (US$5,8 miljard) en in Albanië (US$2,7 miljard). De investeringen in vaste activa per hoofd in Noord-Macedonië was minder dan in Griekenland (US$5,1 duizend), in Bulgarije (US$1.033,7), in Albanië (US$892,9) en in Servië (US$775,7). De groei van de investeringen in vaste activa in Noord-Macedonië was groter dan in Griekenland (2,2%); maar minder dan in Bulgarije (12,2%), in Albanië (10,6%) en in Servië (10,2%).

Vergelijking met leiders. De bruto-investeringen in vaste activa van Noord-Macedonië was minder dan in de Verenigde Staten (US$2,8 biljoen), in Japan (US$1,2 biljoen), in China (US$1,0 biljoen), in Duitsland (US$557,7 miljard) en in Frankrijk (US$463,9 miljard). De investeringen in vaste activa per hoofd in Noord-Macedonië was minder dan in de Verenigde Staten (US$9,4 duizend), in Japan (US$9,0 duizend), in Frankrijk (US$7,4 duizend), in Duitsland (US$6,9 duizend) en in China (US$782,2). De groei van de investeringen in vaste activa in Noord-Macedonië was groter dan in Frankrijk (1,6%), in de Verenigde Staten (0,43%), in Duitsland (-0,56%) en in Japan (-2,0%); maar minder dan in China (13,4%).

de jaren 2010

De bruto-investeringen in vaste activa van Noord-Macedonië bedroeg in de jaren 2010 US$2,7 miljard per jaar, stond op de 134e plaats in de wereld, en was vergelijkbaar met Benin (US$2,6 miljard). Het aandeel in de wereld was 0,014%, en 0,062% in Europa.

Het aandeel van de investeringen in vaste activa in het BBP van Noord-Macedonië was 24,3% in de jaren 2010, stond op de 77e plaats in de wereld, en was vergelijkbaar met Zuidwest-Azië (24,3%), Curaçao (24,4%), Thailand (24,3%).

De bruto-investeringen in vaste activa per hoofd in Noord-Macedonië was $1.279,4 in de jaren 2010s, stond op de 115e plaats in de wereld, en was vergelijkbaar met Namibië (US$1.280,6), Mongolië (US$1.277,8), de Caraïben (US$1.271,2). De investeringen in vaste activa per hoofd in Noord-Macedonië was in 2,0 keer lager dan de investeringen in vaste activa per hoofd van de bevolking in de wereld ($2.621,1), en was in 4,5 keer lager dan de investeringen in vaste activa per hoofd van de bevolking in Europa ($2.621,1).

De groei van de investeringen in vaste activa in Noord-Macedonië bedroeg 5.4% in de jaren 2010, stond op de 65e plaats in de wereld, en was vergelijkbaar met Kenia (5,4%), Botswana (5,5%). De groei van de investeringen in vaste activa in Noord-Macedonië (5,4%) was groter dan de groei van de investeringen in vaste activa in de wereld (4,1%), was groter dan de groei van de investeringen in vaste activa in Europa (2,2%).

Vergelijking met buren. De investeringen in vaste activa van Noord-Macedonië was 10,5 keer minder dan in Griekenland (US$27,8 miljard), 4,3 keer minder dan in Bulgarije (US$11,5 miljard), 3,1 keer minder dan in Servië (US$8,3 miljard) en 19,1% minder dan in Albanië (US$3,3 miljard). De bruto-investeringen in vaste activa per hoofd in Noord-Macedonië was 9,2% groter dan in Servië (US$1.171,8) en 12,9% groter dan in Albanië (US$1.132,8); maar 2,0 keer minder dan in Griekenland (US$2,6 duizend) en 19,6% minder dan in Bulgarije (US$1.590,4). De groei van de investeringen in vaste activa in Noord-Macedonië was groter dan in Servië (4,5%), in Albanië (-0,80%), in Bulgarije (-1,2%) en in Griekenland (-8,3%).

Vergelijking met leiders. De bruto-investeringen in vaste activa van Noord-Macedonië was 1.701,1 keer minder dan in China (US$4,5 biljoen), 1.353,7 keer minder dan in de Verenigde Staten (US$3,6 biljoen), 455,2 keer minder dan in Japan (US$1,2 biljoen), 283,0 keer minder dan in Duitsland (US$752,5 miljard) en 262,1 keer minder dan in India (US$696,8 miljard). De investeringen in vaste activa per hoofd in Noord-Macedonië was 2,4 keer groter dan in India (US$535,2); maar 8,8 keer minder dan in de Verenigde Staten (US$11,3 duizend), 7,4 keer minder dan in Japan (US$9,5 duizend), 7,2 keer minder dan in Duitsland (US$9,2 duizend) en 2,5 keer minder dan in China (US$3,2 duizend). De groei van de investeringen in vaste activa in Noord-Macedonië was groter dan in de Verenigde Staten (3,8%), in Duitsland (2,8%) en in Japan (1,8%); maar minder dan in China (8,0%) en in India (5,8%).